作者介紹

塩野七生

一九三七年七月生於東京，畢業於學習院大學文學部哲學系，一九六三～一九六八年間遊學義大利。一九六八年開始寫作，於《中央公論》發表〈文藝復興的女性〉。一九七〇年，首部長篇作品《凱撒波吉耳抑或優雅的冷酷》獲頒每日出版文化賞，之後長住義大利。一九八二年以《海都物語》得到三多利學藝賞。一九八三年，獲頒菊池寬賞。自一九九二年起，以羅馬帝國千年興亡為題，著手寫作《羅馬人的故事》系列，並以每年一部作品的速度發表。一九九三年《羅馬人的故事I》獲頒新潮學藝賞。一九九九年再獲司馬遼太郎賞。二〇〇一年發行《塩野七生文藝復興著作集》共七冊。二〇〇二年榮獲義大利政府頒授國家功勞勳章。二〇〇五年獲日本政府頒贈紫綬褒章，二〇〇七年再獲文部科學省評選為文化功勞者。

三十周年經典紀念版序

《羅馬人的故事》新版發售之際，作者送給臺灣讀者的話

這部既不算是研究歷史的專業書籍，也不是歷史小說，在歐洲稱之為「歷史散文」的作品，我持續執筆了半世紀多，最在意的其中一件事情就是，為什麼這個國家能在完全認同個人思想與表現的同時，維持歷時長久的獨立與繁榮。

因而執筆了《羅馬人的故事》與《海都物語》兩部作品。《羅馬人的故事》是為了想知道大國發生過什麼事。另一部《海都物語》則是因為想了解，為何即使是小國，在確保個人思想與自由表達下，同時也能達成國家的獨立與繁榮。

其次，舉例古羅馬帝國與中世紀文藝復興時期的威尼斯共和國作為代表大國與小國的典範，也是有原因的。因為這兩國即使國家規模大小有所不同，卻都有能享逾千年長壽的共同點。

有些國家在鎖國的情況下也維持了長治久安。像是古希臘的斯巴達或江戶時期的日本。然而，持續開國方針而能長命百歲的國家卻很少。羅馬與威尼斯在這部份也有相同點。

我同樣建議目前居住在臺灣的各位讀者也務必閱讀《海都物語》。因為日本也是小國，而

臺灣也是小國之一。小國自有小國的生存之道，只要正視這個事實，也有付諸實行的強烈意志，就會讓國家邁向獨立與繁榮。

還有，如果可以的話，再推薦各位閱讀我的另一部「文藝復興小說」（暫譯，原名「小説イタリア・ルネサンス」）全四集，我會感到十分榮幸。在這部作品中我創造了兩位虛構的主角穿插在這段真實的歷史中。希望能讓讀者領會，個人的思想與表達的自由如何能成為創新的泉源。幾乎也可以換句話說，在那種無法保證絕對自由的社會下不會產生創新。因為正是這種自由，誕生了達文西與米開朗基羅為首的義大利文藝復興。而佛羅倫斯、威尼斯，無論在地理、人口規模上都只能算是小國。

儘管如此，大國的磨難也並未比小國少。羅馬與威尼斯相比的話，無論「磨難」的種類或數量，都令人感到十分類似吧。我覺得這才是閱讀歷史真正的樂趣。因為畢竟可以說「歷史總是一再重演，只是表現的型態不同」。

二〇二二年春天，於羅馬

塩野七生

修訂二版說明

《羅馬人的故事》不是一部正統的羅馬史。

塩野七生說：

我以「羅馬人的故事」為題，如果將日文的書名譯為拉丁文，故事與歷史的意義幾乎是相通的。……使用"Gestae"這個字，所謂"RES GESTAE POPULI ROMANI"，可直接翻譯為「羅馬人的各種行徑」。

換句話說，這是一部詳盡蒐羅史籍與資料，進而細膩描繪人物的經典作品。當我們隨著作者富有文學性的筆調，逐冊閱讀《羅馬人的故事》時，便會發現比起事實的陳述討論，塩野七生在這部作品裡更著重於「人」的故事。羅馬人在面對各種挑戰時如何解決？在面對強敵的進逼時，羅馬人是如何逆轉取勝？平息內憂與外患後，又如何迎向和平？羅馬著名的公共建設，其目的是「使人過得像人」？偉大的建築背後，隱含怎樣的思考邏輯？

無論思想或倫理道德如何演變，人類的行徑都在追求無常的宿命。

隨著作者的引導，我們得以像羅馬人一樣思考、行動，了解身為羅馬人，言行背後的思想與動機。羅馬從義大利半島上的一個小部族發跡，歷經崛起壯大，終致破滅衰亡的過程，不僅是歷史上一個橫跨歐亞非三洲的輝煌帝國史，或許也可在其中發現「羅馬人」的群體生活史。

在《羅馬人的故事Ⅰ——羅馬不是一天造成的》，我們從羅馬的誕生神話，了解羅馬人追尋源頭的盼望；自王政時期各項體制建立與修正，體會羅馬建國初時的艱辛；由共和體制的建立，了解當權者與民意相悖時，羅馬人如何因應，其勢力又如何反撲崛起？作者也透過側寫鄰近的希臘城邦，讓讀者俯瞰羅馬所處的地中海世界，了解羅馬人如何在強敵環伺的局面中累積實力，證明「羅馬不是一天造成的」。

希盼本系列能與您一同思考：羅馬何以成為羅馬？羅馬的千年興衰，對世界有何影響？更重要的是，羅馬人留給現代哪些珍貴的遺產？期待在讀完本書之後，能帶給您跨越時空的餘韻。

編輯部謹識

導讀——羅馬人的政治智慧

國立成功大學歷史學系教授　翁嘉聲

羅馬史有許多讀法。有依照編年順序來交代羅馬境內發生之人地時事物的通史；或是一連串有趣人物的詳細傳記，特別是大人物和羅馬皇帝；或如米拉 (Fergus Millar) 教授討論帝國每個行省歷史後，所加總起來的羅馬史；甚至使用數字資訊及圖表，一眼之下便能看到某主題狀況的羅馬史；其他如 The Great Courses 出版的教學影帶、BBC 製作的影片或 Youtube 推陳出新、但良莠不一的網路節目等等。但凡是強調學術品質的羅馬史，讀起來都蠻費力氣，充滿技術性細節及枯燥考證辯論。因此如何同時讓一般對羅馬史有興趣的讀者能大致無誤地、且輕鬆自如去接觸這人類歷史的奇觀，便需要結合學術研究功力、有效知識溝通能力以及非凡的敘述文采。日本知名作家塩野七生多冊的《羅馬人的故事》，便希望以充滿想像力的文筆，以故事般的方式詳細講述羅馬人成就的「豐功偉業」(*res gestae*)。她的努力獲得極大的肯定。這套作品除了在日本暢銷超過三十年，透過翻譯也是華文世界裡有關羅馬史最受歡迎的著作。

但我們首先要問：為何是羅馬？

傳統上義大利半島的羅馬城邦被認為誕生在西元前七五三年，是當時地中海四處星羅棋布的上千城邦之一。在她東方的希臘有文化早熟的希臘城邦，如雅典及科林斯，南方的北非則有善於海洋冒險的腓尼基城邦，如迦太基，往北則是影響羅馬文化至深的伊特魯里亞十二城，但最後只有羅馬發展成橫跨地中海的世界帝國，甚至至今仍是帝國典範。所以為何羅馬能，而其他城邦不能？這箇中奧祕是羅馬人傑出的政治智慧，知道如何結合不同文化及社區的人，在他們包容且智慧的領導下同心協力，造就出結合東方希臘、西方拉丁以及（從四世紀起）猶太基督教文化的人類共同社區，其影響力至今不衰。

羅馬歷史在斷代上分為王政（前七五三～前五〇九年）、共和（前五〇九～前二十七年，又可細分為早、中、晚三期）及帝國三個時期；帝國部份又分為早期帝國「元首政治」(Principate)時期（前二十七～二三五年）、黑暗時期（二三五～二八四年）以及晚期帝國「主宰政治」(Dominate)時期（二八四～?年）。但帝國何時結束？傳統年代為四七六年，因為當時控制羅馬的日耳曼軍閥決定不想在羅馬冊立新皇帝，轉而獨尊在君士坦丁堡的皇帝為帝國的唯一皇帝，因此羅馬帝國於四七六年在西方正式終結。這純粹是從憲法觀點著眼，也是作者塩野七生作品結束之處。但東帝國除延續羅馬命脈外，直到一四五三年才被鄂圖曼土耳其攻陷。另一方面，羅馬在東哥德國王統治下，一般人民仍過著之前習慣的生活，繼續享受免費的「麵包與娛樂」，想必不太意識到羅馬帝國已經「滅亡」。之後西帝國各地出現的日耳曼後繼國家(successive states)，仍以不同形式延續羅馬的文化及典章制度，而正是透過這些「野蠻」日耳曼民族建立的後繼國家，羅馬各方面成就以不同形式保存下來。這些塩野在《羅馬人的故事XV——羅馬世界的終曲》亦多所著墨。

以下我將就羅馬人如何在共和、早期帝國元首政治及晚期帝國主宰政治等三個時期，以他們獨具的政治天份，設計體制，提供共同社區的政治架構，結合帝國的人民及土地，讓他們過著「羅馬人的故事」的生活。

羅馬共和時期的政治智慧

羅馬王政時期塑造了羅馬的文化、宗教及許多體制，創造出一個有強烈宗族色彩以及尊重祖宗成法（*mos maiorum*，或「大多數人作法」）的保守、但講求實際的國家。羅馬這時的「王」(*rex*) 是眾貴族之首，而強大的世家元老貴族 (patricians) 是各強大氏族的家長 (*pater familias*)，構成元老院 (*curia*)，提供王建議並接受諮詢。元老領導追隨的家族及地區社群，甚至擁兵自重。西元前五〇九年，最後一位王（驕傲的塔奎尼烏斯）獨裁濫權，引發公憤，被貴族革命推翻，建立共和。這共和是指這群元老菁英、而非所有羅馬人的共和。貴族壟斷所有象徵政治權力的官職，同時制定權力分享的原則（如同僚制〔collegiate〕、一年為期、輪替以及嚴謹的官秩晉升〔*cursus honorum*〕），讓權力在僅數以百計的貴族中能有秩序地輪流分享。共和貴族統治團體就像個魔術圈，高度排外，但更防範任何圈內人變得專制獨裁，出現另個王。

正是這群集體領導的元老貴族開啟羅馬征服地中海世界的歷史。當時羅馬已經採用地中海世界盛行、以小農平民為骨幹的重裝民兵制度 (militia)。這些小農民兵在共和貴族領導下，承擔征服任務，卻無法分享征戰果實及政治權力，於是在前四九四年首度和元老攤牌，開始

「階層鬥爭」(conflict of orders) 的歷史。他們以集體退出羅馬、杯葛拒戰、強迫讓步為手段，最後爭取到保護平民 (*plebs*) 權益的護民官和平民議會的設立。平民獲得讓步後，立即加入征服拉丁姆平原的戰役，得到成功。類似階層鬥爭也發生在如前四四九年，導致「十二銅表法」的公布；或前三六七年，促成執政官必須至少一人為平民；最後是前二八七年通過立法 (*Lex Hortensia*)，規定護民官主持平民議會通過的「平民決議」(*plebiscitum*) 形同「法律」(*lex*)，成功化解階層的矛盾。

羅馬人在這兩百多年的階層衝突中，透露出貴族及平民雙方願意以和平方式協商出彼此都願意接受的共同點，凝聚更高的社會共識，促成更團結的羅馬社區，而這又累積成進一步擴張的動力。每次階層鬥爭以及政治改革，都導致更多的征服；而征服則又促成下次的鬥爭及改革。這兩相循環的共享歷史經驗，累積成極大的發展動能，更凝聚羅馬人對國家的認同。當前二八七年階層鬥爭的改革完成後，羅馬也在前二七五年征服、統一義大利。

這種追求政治和諧及凝聚共識的努力不僅發生在內部，也出現在羅馬對待敵人。地中海其他地方發生戰爭時，戰敗方常面臨被屠城、奴役及滅國的命運，但善戰的羅馬人在擊敗對手後，雖仍會要求賠償、懲凶及割讓土地，卻更常化敵為友，締約結盟。這對死裡逃生的戰敗國而言無異是種恩典；他們若持續維持忠誠，有時甚至能獲得羅馬公民權。這擴大了羅馬的規模，增添戰力，而且愈是擴張，實力愈加雄厚，有如滾雪球。羅馬與這些戰敗國透過簽約結盟，最後形成一個唯羅馬馬首是瞻的「羅馬聯盟」。這些盟友在與羅馬人並肩作戰的過程中，分享共同的歷史經驗，促成他們「羅馬化」。這種羅馬內部改革及對外擴張攜手並進、相互促成、團結義大利，是羅馬早期共和（前五〇九～前二六四年）的最大成果，為接下來的羅馬海外擴張奠定基礎，充分顯示出羅馬人對內及對外包容以及凝聚團結的政治智慧。

但羅馬何以願意如此慷慨分享公民權？這並非全然無私。羅馬政權始終控制在元老寡頭手中，這種和外人分享基本的公民權雖帶來權益及保護，但不致於影響元老對政治權力的壟斷，卻讓他們擁有愈來愈多的資源。最後羅馬強大到甚至可以同時進行多場戰爭以及承受多次戰事失利，而這在古代世界其他地方是絕無僅有。反觀來說，希臘城邦因為不願分享公民權，使得城邦始終維持小國寡民的規格，無法在資源及規模上升級。以斯巴達為首的伯羅奔尼撒聯盟，或以雅典為首的提洛聯盟，充其量不過都是獨立城邦的集合體，一旦有重大挫折或衝突，便應聲瓦解。即使是亞歷山大的帝國，也十分脆弱，隨著他的死去，帝國立即裂解。相反地，例如羅馬在前二一八～前二一六年曾連續三次受漢尼拔重挫，傷亡極為慘重。但絕大多數羅馬盟友卻始終忠誠，屹立不搖，因為羅馬的利益便是他們的利益。他們已經形成命運共同體，而這是羅馬真正強大的原因。

羅馬在前二六四年發動第一次布尼克戰役時，有豐富領導經驗的羅馬元老菁英領導羅馬聯盟所組織起來的龐大資源，挑戰當時西地中海霸權迦太基，開啟羅馬征服地中海的序曲，這也是塩野從《羅馬人的故事II——漢尼拔戰記》開始精彩且詳盡的故事起點，因為從這時刻起，希臘化時代史家波力比維斯的作品提供了可靠的依據。當前二一八年羅馬和迦太基發生第二次戰爭時，東方希臘化王國也因故捲入衝突，波力比維斯認為當時已知世界各地從此「纏結」(*symploke*)一起，世界史成為整體，而羅馬正是這世界的中心。他探究羅馬迅速崛起的原因時，特別強調羅馬混合及平衡的政體(*politeia*)是其中的祕訣，因為這讓羅馬所有階層的人都有政治發聲的機會。政體之於國家，宛如靈魂之於身體，因此羅馬國家的成功正是由於羅馬人的政治智慧。

如果羅馬花費兩百三十多年統一義大利，那她以約百年征服西地中海，更僅花費約三十年時間征服東地中海，速度有如閃電，將地中海變成「我們的海」(*Mare Nostrum*)，成為「世界帝國」。這是波力比維斯讚嘆的輝煌羅馬中期共和（前二六四～前一三三年）！但波力比維斯在同時間也見證到迦太基及科林斯屠城毀滅的命運，開始懷疑羅馬建立世界帝國這歷史奇觀背後，必須付出何種代價。即使在勝利的羅馬一方，長期異地遠征讓羅馬及盟友的小農戰士在回鄉後，常面臨家園破碎、妻離子散，淪為普羅無產階級，失去戰士資格的困境，結果羅馬戰力急速消退。另方面，擴張所帶來的龐大利益往往被愈來愈少的菁英壟斷，使得高層政治競爭更為激烈，結果成者鯉躍龍門，敗者粉身碎骨，永無翻身之地。整個社會完全脫序。羅馬現在因為成功而開始承受種種預期不到的苦果。

正是在這背景下出現了前一三三年的格拉古兄弟改革，開啟動蕩不安的晚期共和史（前一三三～前二十七年）。他們以護民官身份通過法律，強力推動土地改革，聯手新崛起的騎士階級，甚至籠絡擁兵自重的軍閥，成功挑戰元老菁英的傳統統治。格拉古兄弟打開政治的潘朵拉盒子，從根本上動搖到羅馬統治階層。這便是羅馬史權威塞姆 (Ronald Syme) 所稱的「羅馬革命」，將陸續點燃同盟者戰爭、奴隸戰爭、東方王國及行省叛亂、海盜四處肆虐橫行，甚至是慘烈的內戰，有如政治連環爆，使得整個國家瀕臨崩解。

武力因此成為政治發聲權的唯一依據。共和垂死前出現的兩次「三巨頭政治」(triumvirate)，意味著羅馬共和已經淪落到由三位軍閥控制的局面。當屋大維在前三十一年於亞克興擊敗安東尼，成為唯一掌控武力的人物，更宣告共和終結。元老菁英階級因為近五百年的共和傳統，自視統治為天命，堅定守護既得利益，不願如早期共和願意與廣大的受治子民進行協商，進行必要改革，使得共和宛如失速列車，衝向自毀，需對共和覆亡負最大的責任。

早期羅馬帝國元首政治的政治智慧

凱撒在擊敗龐培後，曾批評共和貴族領袖蘇拉不負責地放棄兵權，相信共和會自行恢復運作，結果只是內戰動亂。凱撒因此毫不掩飾共和已死，堅持唯有赤裸權力為真，看待其他共和貴族如下屬，甚至被認為企圖為王，刺激了視統治為天命的元老貴族團體，導致暗殺。他的繼承人屋大維在內戰勝出後，殷鑑不遠，設法在蘇拉及凱撒這兩個極端立場中取得微妙的平衡。最後他以尊重共和的表象（以免殺身之禍）來掩飾他是軍事獨裁者的本質（以免國家動亂）。

他自稱為「第一公民」(*princeps*)，這是羅馬對最資深元老的稱呼，在院會中優先發言，是十分「共和」的稱謂；但這頭銜在手握全部兵權的他手上，無異於皇帝的符碼，因為其他人如何資深，都將無法使用。他自比為「眾人之首」(*primus inter pares*)，這也有相同意趣：他跟大家一樣、但又不一樣。這些都透露出屋大維要在共和表象及獨裁實質的虛實之間取得平衡，巧妙操作，讓共和貴族即使不滿意、仍願意接受，但又不動搖他專制獨裁的事實。這便是「元首政治」。屋大維在前二十七年與元老院達成如何分配權力及責任的協議，同年也獲得「奧古斯都」的稱號。奧古斯都以高超的政治手腕以及在位長達四十一年，使得羅馬得以十分平順地從共和過渡到帝國。我們因此以這次政治協商發生的時間為帝國的開始。之後元首政治的內容會不斷微調，但都是朝著加強獨裁、削弱共和的方向前進。

這種要在共和表象及獨裁實質間取得平衡的元首政治，卻有致命弱點：元首權力是由元老院頒贈，象徵共和，那奧古斯都要如何轉移他實質的權力給他屬意的接班人？當他在位時，他積極而低調地培養接班人，小心不戳破共和表象，但最後仍被迫憑藉著自己無比的威望(*auctoritas*)建立王朝。但當尼祿在六十八年因失德，耗盡奧古斯都的餘蔭，被迫自盡時，由內戰中勝出的維斯帕先(Vespasian)建立新王朝。元老出身的史家塔西圖斯(Tacitus)對此評論說：「這帝國的祕密被揭曉，皇帝可以在羅馬之外的地方被製造出來。」當維斯帕先進入羅馬，元老院立即以包裹表決，行禮如儀地將所有皇帝權力交給新皇帝，因為懾於皇帝駭人的武力。「元首」已無須在虛實之間細膩操作。另方面，皇帝仍須重用治理經驗豐富的元老階級，擔任施政左右手；但元老的地位也被逐漸受重用的騎士階級及在羅馬服務的行省菁英所取代、稀釋。所有人逐漸地都成為皇帝的人馬，唯他的旨意是從。共和集體統治的傳統已經遠去無蹤！

皇帝又如何統治面積廣達五百萬平方公里及五千萬人口的大帝國呢？首先，希臘羅馬古典世界是城邦的世界，而羅馬即使經過七、八百年的發展，在形式上仍是結構簡單的城邦，而沒發展出後來帝國常見的複雜中央組織及官僚系統。一位二世紀演說家亞利斯泰迪斯 (Aristides) 說：「帝國像是以羅馬為首的城邦聯盟。」這話點出羅馬如何統治帝國的祕密。

帝國是由各地城邦所組成的世界，而羅馬宛如城邦之首，正如元首是眾人之首。羅馬一方面以強大的兵團保證「羅馬和平」(*Pax Romana*)，提供經濟發展的環境，同時保證地方菁英在地領導及治理。地方菁英投桃報李，接受羅馬指令，認同羅馬利益為自身利益，進行地方自治，為帝國執行徵稅、徵兵的功能。這彷彿「羅馬聯盟」構想擴大運用到帝國上。地方願意配合羅馬施政，是帝國各地「羅馬化」的最大動力來源。這意味著整個帝國是由羅馬以及那些享有羅馬和平、肯定羅馬統治，主動願意合作的地方城邦來一起經營治理。

用比喻來說：地中海各地城邦像是簡配的電腦，由羅馬透過巧妙的軟體（如包容的統治政策、法律系統及意識型態等等），在安全方便交通的網路環境中給串連起來，同步進行雲端運算，執行出複雜的帝國功能。所以羅馬發出指令後，便由下而上一起運作，形成極有效率、但經營成本卻極低的帝國體系。干塞 (Peter Garnsey) 及賽勒 (Richard Saller) 教授認為在羅馬五賢帝鼎盛時期，羅馬是以不到兩百位的官僚來經營這龐大的帝國！

晚期羅馬帝國主宰政治的政治智慧

元首政治期間「羅馬和平」大致能夠維持。但從二三五年起，羅馬出現一波波外族突破邊疆，讓羅馬兵團疲於奔命；內部則是王朝崩潰，內戰頻仍，政權更迭；天災、瘟疫及歉收經常發生。這些因素惡性循環，使得地方菁英破產，無力治理地方，而許多地方崩然瓦解陷入黑暗時期，整個帝國在瀕死狀態。傳統歷史敘述認為羅馬黑暗時期是史料極度貧乏、政績乏善可陳的時代。但我們或許應該以熊彼得 (J. A. Schumpeter) 的「創造性破壞」觀點，重新審視這時期：羅馬人決定將元首政治打掉重練。結果羅馬在歷經黑暗時期後，非但沒滅亡，反而以全新面貌開始另一段同樣豐富的歷史。庫利科斯基 (Michael Kulikowski) 甚至稱這現象為「帝國的勝利」。

首先，戴克里先在二八四年以軍人之姿入主羅馬中央，延攬各地菁英為國家效勞，建立複雜的科層官僚制度，以強大的中央來全面主導改革，帶動地方。而在這過程中，皇帝由親民形象的「元首」，轉變為只可遠觀、不可近褻的「主宰」(*dominus*)、甚至在世「神明」(*deus*)。我們因此稱呼晚期羅馬的歷史為「主宰政治」。在元首政治時期，羅馬中央發出指令徵稅徵兵，地方則主動由下而上響應；但在主宰政治時期，地方治理已經崩潰，因此由中央包山包海，直接派出無數各級官僚執行任務。戴克里先因為帝國疆域浩瀚、人口眾多，為治理方便，先將帝國一分為二、再分為四。他為了治理方便，開始限制人民遷徙、行業轉換、財產交易，並開始編定預算及稅收需求，定期執行財產人口普查，甚至為了壓制通膨而發布最高物價指令的高度干預政策。這些顯示出晚期羅馬帝國的主宰政治是由上而下統治，形成高度管制的社會，與我們現在熟悉的帝國型態較為相似，但卻與之前元首政治的帝國大相逕庭。這種極為耗能、頭重腳輕的治理方式，卻是因應當時地方治理及基層架構已經瓦解，而不得不採取的實際作為。

君士坦丁繼續戴克里先的復興，但也接受基督教的信仰，並在東方建立一座基督教的新城：君士坦丁堡。這決定具有極大歷史意義，因為這將羅馬帝國整合的希臘、拉丁及猶太基督教的文化傳統，傳遞到更為偏遠的斯拉夫世界。君士坦丁基督教化帝國為帝國帶來強化的因素，而他引進愈來愈多外族進入軍隊服務，也是反映現實需求。「叛教者」皇帝朱利亞努斯(Julianus)批評君士坦丁進行了另場「羅馬革命」：他基督教化，且蠻族化帝國，這些對他來說，都背離羅馬的祖宗傳統。但歷史是站在君士坦丁這邊。最後「主宰政治」的政治智慧使得羅馬帝國繼續延壽將近兩百年或甚至千年。如今若是任何帝國以羅馬帝國為師，或許是以這主宰政治的結構為模範。

以上介紹這些不同時代的羅馬政府治理，證明政治智慧是羅馬人的天份。他們會審時度勢，以強烈的現實感來設計出不同體制，將不同的人群結合起來，建立共存共榮的共同社區。我覺得這些成就比哲學或悲劇等更為具體、更為普遍、更為切身，但一樣永恆。羅馬人誠如奧古斯都時代的帝國詩人維吉爾所指出，這樣的政治智慧更是羅馬人的天命：

羅馬人，切記要以你的力氣去統治
大地諸民族，因為你的技藝是這些：
去綏靖平定，去施加法律的統治，
寬恕被征服的，擊潰那桀驁不馴的。(*Aeneid* 6.1151-1154)

給讀者的話

據說古羅馬時候，羅馬有三十多萬個神祇，這對一神信仰的人而言，恐怕很難以置信；但來自多神信仰國家的我卻覺得相當有趣。

當你坐在羅馬市中心——古羅馬廣場遺蹟崩塌的石柱上，翻閱導覽手冊或說明書時，也許你會覺得背後怪怪的，這時很可能就是某個徘徊未去的淘氣神祇，正躲在你背後偷看你手中的簡介；因為祂也會好奇，不知二千年後的人到底會把自己寫成什麼樣子。

「喂！你們可得把我寫得好一點呀！」

祂可能會這麼說。

愛德華．吉朋在尋訪羅馬廣場後，完成大作《羅馬帝國衰亡史》；阿諾德．湯恩比年輕時，則為了追思古羅馬而以自行車環遊義大利。

古羅馬人的足跡遍及北非、中東與歐洲，雖然我們也有心前去一探究竟，但渺小得無法與前述兩位大歷史家相提並論的我們，顯然必須事先好好地去釐清幾個問題。

為什麼只有羅馬人能夠成就這樣的大業，並且形成獨立的文化圈長期屹立呢？

古代的羅馬人，到底是怎麼樣的人呢？

論智力，他們比不上希臘人；

論體力，比不上克爾特人（高盧人）和日耳曼人；

論技術，也比不上伊特魯里亞人；

再論經濟能力，更比不上迦太基人。

在眾多史料的佐證之下，連羅馬人本身也很坦然地接受了這個事實。

那麼羅馬人成功的原因到底為何？難道只要有廣大的領土，就可以構築一個龐大的帝國並且長期支撐？或者強大的軍事力量才是他們稱霸的主因？

另外，為何像羅馬這般強大的帝國最後也一樣難逃衰亡的命運？是因為勝者必驕，驕者必敗的道理嗎？

我並不急著為這樣的問題下註解，如果這麼快就為人類孜孜不倦努力累積而來的歷史解套，這就顯得太輕率了！而且我的看法也不見得是最周全的，因此我希望藉由史實的詳述，讓你、我一起來動腦想一想——「為什麼只有羅馬人可以？」

從現在起，我寫你讀，讓我們一起來想想看，古羅馬人到底是一群什麼樣的人？

一九九二年於羅馬
塩野七生

序言

西元前一六七年，希臘正在衰退中，當時有一千名希臘人被帶到羅馬當人質。他們全都是希臘社會的高階層份子，而時年三十六歲的波力比維斯 (Polybius) 也在人質之中。

當時的羅馬人十分景仰希臘文化，所以當希臘人質一被帶回，就馬上將他們安置在羅馬共和國的權貴家中，並沒有關進大牢裡。人質的行動也十分自由，除了不能回希臘外，要上哪兒都可以。

而波力比維斯比其他人更幸運。他原是誓守希臘獨立的亞該亞同盟的騎兵隊隊長，在希臘的地位僅次於最高司令官，他在希臘時就已經認識羅馬的西比奧．艾米里亞努斯 (Scipio Aemilianus) 將軍。可能就是因為兩人之間有交情，所以波力比維斯在充當人質的期間，就被安置在西比奧的家中。

西比奧．艾米里亞努斯是在扎馬戰役中大破漢尼拔，並且為羅馬贏得第二次迦太基之役的西比奧．亞非利加努斯 (Scipio Africanus) 的侄子，同時也是他的養子。艾米里亞努斯比波力比維斯小十八歲，當時還是個不滿二十歲的年輕小伙子，但他卻充分遺傳了西比奧家族的血統，年紀輕輕就展露過人的軍事才華，建立了許多彪炳的功勳和戰績。

艾米里亞努斯與他父親一樣醉心於希臘文化，他們時常召集文人雅士在家中聚會，時人稱之為「西比奧圈」，在當時的羅馬相當有名。而波力比維斯剛好也出生名門，受過高等教育，還擁有豐富的人生經驗與相當程度的社會地位，因此在「西比奧圈」中十分受歡迎。不過，如果要波力比維斯就此在感時憂國的喟嘆中斷送後半生，可能稍嫌早了點。

十七年間，波力比維斯因為與艾米里亞努斯交好，而得以接觸到羅馬共和國的核心，使得他對羅馬的興趣逐漸加深。他前往與迦太基隔海相對的南義大利旅行，還隨著艾米里亞努斯的軍隊到西班牙去。最後，當他隨著艾米里亞努斯遠征非洲的軍隊穿過南法、翻越阿爾卑斯山脈歸國時，他已經完成一趟漢尼拔出征路線之旅了。

西元前一五〇年，希臘人質被解放回國，十七年前離國時有一千人，如今只剩三百人。

波力比維斯與同胞一起回到祖國後，仍繼續與西比奧·艾米里亞努斯保持聯繫。西元前一四九年，爆發了為時三年的第三次布尼克戰役，波力比維斯跟隨擔任總司令官的西比奧·艾米里亞努斯一起到前線，因而親眼目睹迦太基城火燒七天七夜，化為灰燼的畫面，當年他五十七歲。

從那一年起，一直到他八十二歲去世為止的二十多年間，他完成一本共四十章的《歷史》，與過去著眼於希臘、地中海世界的歷史相比，波力比維斯的《歷史》重心放在羅馬，而且特重實證，算是最早的羅馬史。於是，第一部可靠的羅馬正史，就這樣成就於希臘人之手。

其實波力比維斯很能感受到衰亡中的祖國——希臘內部局勢的混亂，加上他與西比奧家族的親近，更讓他深刻地體會到新興羅馬那股強力竄升的氣勢。於是，他開始認真地思考，為什麼希臘會逐漸走向滅亡？羅馬又為什麼會強大起來？

就是基於這樣的疑問，才促使他寫出《歷史》。波力比維斯在自序中說道：

「只要不是愚痴駑鈍的人，看到羅馬人能在短短的五十三年內完成大業，一定會想知道到底是什麼原因、什麼政體促使他們成功的……」

他所說的五十三年，指的可能是西元前二〇二年漢尼拔在第二次布尼克戰役失敗後，到西元前一四六年迦太基在第三次布尼克戰役中滅亡的這段期間。在這五十多年間，羅馬變成地中海世界的霸主，往後的羅馬歷史更涵蓋了整個地中海世界的歷史。

然而，羅馬並不是在這短短的五十三年間才突然崛起的，只不過在此之前連希臘人都忽視了它的存在，因此自然沒有人想到要記錄下它的歷史。嚴格說來，羅馬的起源可以追溯到扎馬戰役前五百年，那段時間對羅馬人來說是一段相當漫長的蟄伏歲月，並不如一般想像的五十幾年，而是整整五百多年，因此才會有句話說：

「羅馬不是一天造成的。」

本書是此系列的第一本作品，取材時間為羅馬建國到第一次迦太基之役爆發前的五百年。這期間羅馬的進步相當緩慢，尤其遭遇阻礙與破壞時，羅馬的元氣更是嚴重受損，有時往往要花上數十年的時間才能恢復，羅馬五百年艱苦卓絕的歷史就是這樣架構出來的。後來的羅馬之所以能夠壯大，絕大部份要歸功於這五百年，這就好像青春期所累積的實力，一直到了三十而立的壯年階段才有機會證實其價值。

目次

第二章 羅馬的共和政權

第一章

羅馬的誕生

流亡者傳說

任何一個民族都有它世代相傳的傳說，追本溯源對人們來說，是件再自然不過的事了。即使目前還無法用科學來證明傳說的真實性，但人們並不在乎；人們要的只是能夠博得他們認同的理論、或是能夠提振士氣的故事。而羅馬人的傳說就發生在特洛伊城陷落的時候。

荷馬的敘事詩《伊里亞德》，在二十世紀的今日仍被譽為世界上最偉大的傑作之一，故事中所描述的特洛伊是一座豐饒的城市，位於小亞細亞西岸，特洛伊人在亞格曼儂和阿奇里斯帶領希臘軍隊攻擊期間，曾經奮勇抗戰十年。後來，希臘有個將軍發明一匹巨大的木馬，特洛伊人誤以為是希臘軍撤退後所遺留下來的東西，就將它拉進苦守十年的特洛伊城內。

到了深夜，特洛伊人個個抱著勝利在即的心情酣然入夢，誰知道此時藏匿在木馬裡面的希臘兵，竟一個個從木馬內鑽出來。當夜特洛伊城便在一片叫喊聲中陷落，特洛伊人不分貴賤全部遇害，即使僥倖逃過一死，也難逃淪為奴隸的命運。在這場悲劇中，只有特洛伊王的女婿伊尼亞斯與他的父親、兒子以及少數幾人成功地逃脫。

伊尼亞斯是愛與美之神維納斯與凡間男子所生，因為維納斯不希望看見自己的兒子慘死在希臘軍手下，所以才引導他們逃離特洛伊。

伊尼亞斯等一行人，分別搭乘數艘船隻離開燃燒中的特洛伊城。這批流亡者在遍歷希臘各

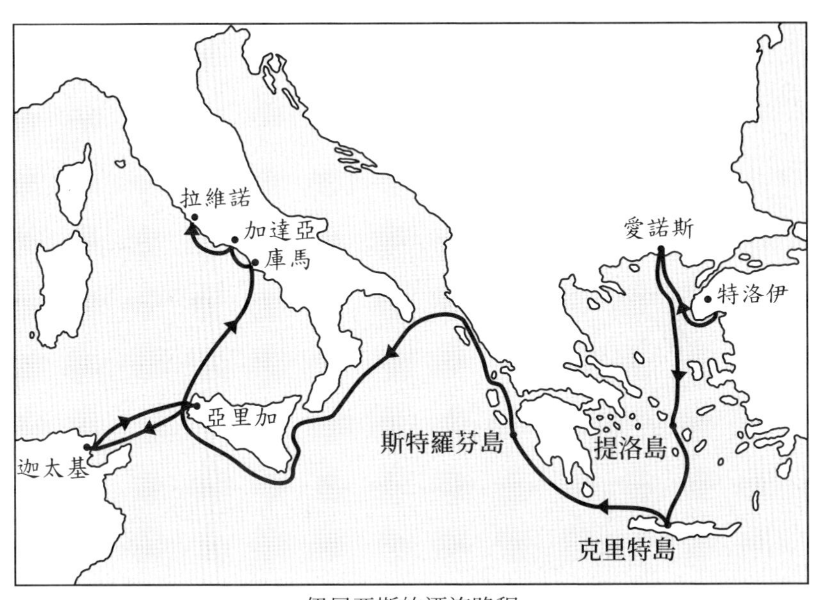

伊尼亞斯的漂流路程

群島及迦太基之後，仍未停息，繼續由諸神帶領北上來到義大利西岸羅馬附近的海岸。後來當地的國王看上伊尼亞斯，將女兒許配給他為妻，難民們此時才算有了安定的落腳處。

伊尼亞斯死後，他的父親與當初隨行的流亡者一致擁護伊尼亞斯的兒子阿斯卡尼俄斯繼承王位。阿斯卡尼俄斯即位三十年後，離開了原來的地方，另外興建一座名為阿爾巴隆加 (Alba Longa) 的新城市，這就是日後羅馬的發源地。

從當時起一直到羅慕路斯 (Romulus) 在羅馬建國的期間，曾有許多傳說中的國王陸續出現，但我不打算逐一撰述，我並不是擔心那一堆陌生的人名會讓讀者感到無聊；而是這段歷史的真實性，恐怕連羅馬人自己也無法證實。

羅馬人一直深信，西元前七五三年在羅馬建國的是羅慕路斯，他是從特洛伊出亡的伊尼亞斯後代。但與希臘人開始接觸之後，他們又告訴羅馬人，特洛伊是在西元前十三世紀左右陷落的；照此說來，這中間就出現了大約四百年的歷史空白期，不過羅馬人並不想追根究底，因為在傳說世界中，荒誕無稽之談總是較合理的解釋，更受人喜愛。因此我們也姑且跳過這四百年，讓傳說中的一位公主為歷史揭開序幕吧！

傳說中的這位公主原是阿爾巴隆加國王的女兒，國王死後，篡位的叔父就強迫仍是處女之身的公主擔任奉神的女祭司。後來當女祭司的公主竟然生了小孩，這件事使她與叔父之間的關係降到冰點。

事情起因於戰神馬爾斯對公主一見鍾情，有一天公主閒暇無事時在河邊打盹，馬爾斯便趁機下凡與公主發生關係，並在公主醒來之前完事。後來公主就產下一對雙胞胎，取名為羅慕路斯和雷慕斯。

公主的叔父知道這件事之後大為震怒，將公主關進牢裡，並把雙胞胎裝進籠子內丟入臺伯河。裝載雙胞胎兄弟的籠子，漂流到河口附近後，擱淺在河岸茂密的草叢中，當時正好有一隻母狼經過，聽見籠內傳來的嬰兒啼哭聲而發現了他們。母狼為他們哺乳，救活了這一對兄弟。

事實上，他們似乎不可能一直為狼所養，因此繼母狼之後，接著由牧羊人發現他們，並將他們帶回家撫育成人。今日從羅馬市街到李奧納多．達文西機場一帶的馬路上仍經常可見成群的羊隻，因為二千八百年前，羅慕路斯和雷慕斯就是這兒的主人。

羅慕路斯和雷慕斯兄弟長大後成為牧羊人的首領。儘管牧羊人之間紛爭不斷，他們還是擴張了勢力，並且隨著勢力範圍的擴大，接觸到許多新的見聞，後來他們終於知道自己的身世。於是兄弟倆便帶著牧羊人部屬去攻打阿爾巴隆加，他們打贏了，還殺死國王，但母親好像早已死在牢中。

之後，孿生兄弟並沒有留在阿爾巴隆加，或許是因為他們覺得地處山區的阿爾巴隆加，地勢太狹窄，雖然利於防衛卻不適合發展吧！於是他們回到自己的生長地臺伯河下游建設新都市，這座都市就是後來的羅馬。而他們從前的部眾及附近的牧羊人與農人也都紛紛過來依附他們。

他們雖然一起打敗了共同的敵人，但後來彼此之間的關係卻惡化了，因為他們倆是孿生兄弟，實在很難決定該由誰當王。於是，他們採取分區統治，由雷慕斯治理帕拉提諾丘，羅慕路斯則統治阿凡提諾丘，依此劃分彼此的勢力範圍。然而不久之後，雙方之爭就因為雷慕斯嚴重侵越羅慕路斯為劃清勢力範圍所挖掘的壕溝，而再度爆發。這種侵害他人權利的行為是羅馬人最唾棄的，因此羅慕路斯便殺了雷慕斯。

西元前七五三年四月，羅馬終於誕生了，並且以開國者羅慕路斯之名定名。另外，每四年定期舉辦奧林匹亞運動會的希臘，也在辦了六次之後，正式脫離神話傳說的世界，進入歷史時代。

西元前八世紀的義大利

出生於羅馬建國八百年後帝政初期的建築學家——維特魯維烏斯，以都市計畫專家的觀點說：

「義大利半島地處北國與南國的中間地帶，因此兼具南北兩處的優點，在種種優勢的配合下非常有利於發展；而羅馬又位於義大利半島的中央，更是占有得天獨厚的地勢之利……因此人們以他們的高度智慧，決定在這個地勢絕佳、氣候溫暖之地建設羅馬人的都市。」

根據他的說法顯示，羅馬的地理條件真的十分優越，義大利境內確實已經找不到第二個比羅馬更適合作為首都的地方了。因此，我們可以說羅慕路斯不僅是個優秀的將才，而且還是個都市計畫的高手呢！

但我有個疑問：既然羅馬這麼適合建設都市，為什麼羅慕路斯之前沒有人這麼做呢？雖然近年來考古發現，當地有西元前十一世紀左右的粗糙墓穴及住屋遺蹟，可以證明很早就有人居住了，但它的種種條件卻還不足以稱作都市，所以最早注意到羅馬這塊地方的人應該算是羅慕路斯。而如果羅慕路斯只是傳說中的人物，無法確定其真實性的話，那麼這個建設羅馬城的人很有可能就是西元前八世紀中葉的任何一人了。

西元前八世紀中葉，在義大利半島上的民族中，經濟能力與技術強到足以如此輕鬆地建設出宏偉都市的民族至少有兩個。

分別是住在義大利中部，勢力正在擴張中的伊特魯里亞民族與在南義大利一帶占有殖民地的希臘人。當時的羅馬，除了七座山丘以外全都是濕地，而伊特魯里亞人很早就有排水築田的技術，但他們卻對羅馬不感興趣。

我想，不只是西元前八世紀中葉的羅馬欠缺魅力，在往後的漫長歲月裡，羅馬還是吸引不了伊特魯里亞人與希臘人。

伊特魯里亞人是以經濟與通商為生的民族，他們與希臘人有截然不同的都市建設觀。伊特魯里亞人將有城牆包圍的堅固城市建在小丘陵地上，對於濱海或是不靠山的土地，他們完全沒有興趣。他們這種不喜歡居住在平地上的性格，單從佛羅倫斯城的地理位置就可以看得出來。最早的佛羅倫斯城就是建於伊特魯里亞人居住的翡亞柔列山丘上，而現在位於亞諾河附近的佛羅倫斯街肆則是羅馬人遺留下來的。

希臘人則是通商與靠海洋為生的民族，因此對他們來說，面海的港口是很重要的，像必須溯臺伯河而上才能到達的羅馬，就不是建設都市的理想地。我們可以看到，希臘人建設於南義大利的殖民都市，如敘拉古、塔蘭托、拿坡里等全都是濱海的城市。

從伊特魯里亞人的眼光來看，羅馬七丘大概都嫌太小、太低，而且靠得太近了，所以他們才會選擇在山丘與山丘間相差一段距離，山頂寬闊、丘陵散布的義大利中部扎根；像現在仍舊存在的某些中型都市西亞那、比奧羅得拉、帕魯西亞、丘吉、奧魯比亞特等，都是當時伊特魯里亞人所建的都市。如果搭乘巴士沿著山脊往山頂上走，最後一定會到達這些市街的，雖然昔日的舊市街並不多，不過即使抄短路沿鐵路而行，恐怕也沒那麼快逛得完。

這些市街不斷地讓人有驚奇之感。我想都市建設的要件，除了水、氣候等自然條件外，民族與時代也是必須考量的因素之一吧！

同時我也覺得，上述三個民族各自不同的都市建設觀與他們往後的命運或許也有不小的牽連。

伊特魯里亞人喜歡在防禦容易發展困難的山丘上建設都市。

羅馬人因為在防禦不易的土地上建築市街而向外發展。

南義希臘人選擇在利於通商卻容易忘敵的海濱築城。

如果你現在正要進入理工學院就讀都市工程，建議你最好多充實一些哲學與史學的知識，因為都市的建設地點，很有可能會影響到居民未來的發展。

伊特魯里亞人

由於伊特魯里亞人的文字目前還是個謎，因此伊特魯里亞民族就被稱為「謎樣的民族」。伊特魯里亞人又叫做「伊特拉斯坎」，這個名詞是否代表另外一個民族則無法確定。古時候的「伊特拉斯坎」，似乎是住在現今的托斯卡那、溫布里亞和雷其歐等地北方的人民總稱，就好像我們稱住在「美利堅合眾國」的人民為「美國人」一樣。

目前我們還無法得知這群伊特魯里亞人到底來自何處。有歷史學家說他們是從小亞細亞渡海過來的；也有另一派學者堅稱他們是從內陸南下義大利半島的。雖然學者們對伊特魯里亞民族的出處意見紛歧，但他們一致認為，伊特魯里亞人早在西元前九世紀時就已經知道鐵器的製造方法了。

義大利中部有許多礦山。居住在義大利中部的伊特魯里亞人，不僅善用當地的礦藏資源，爾後更成為優秀的技術開發者。隨著技術的提升，經濟也跟著繁榮起來。令人驚訝的是，在伊特魯里亞人的遺物中，竟然發現許多希臘製的壺，這些壺並不是南義大利的殖民地所製，而是從希臘本土傳來的，這些壺證明了伊特魯里亞與當時經濟同樣高度發展的希臘有密切的交流。伊特魯里亞人雖然將城市蓋在山頂上，但在離城不遠的地方還是有港口，他們除了發展經濟，也將觸角擴展到海上通商。他們在海上的勢力範圍從礦產豐富的愛爾巴島，一直延伸到科西嘉

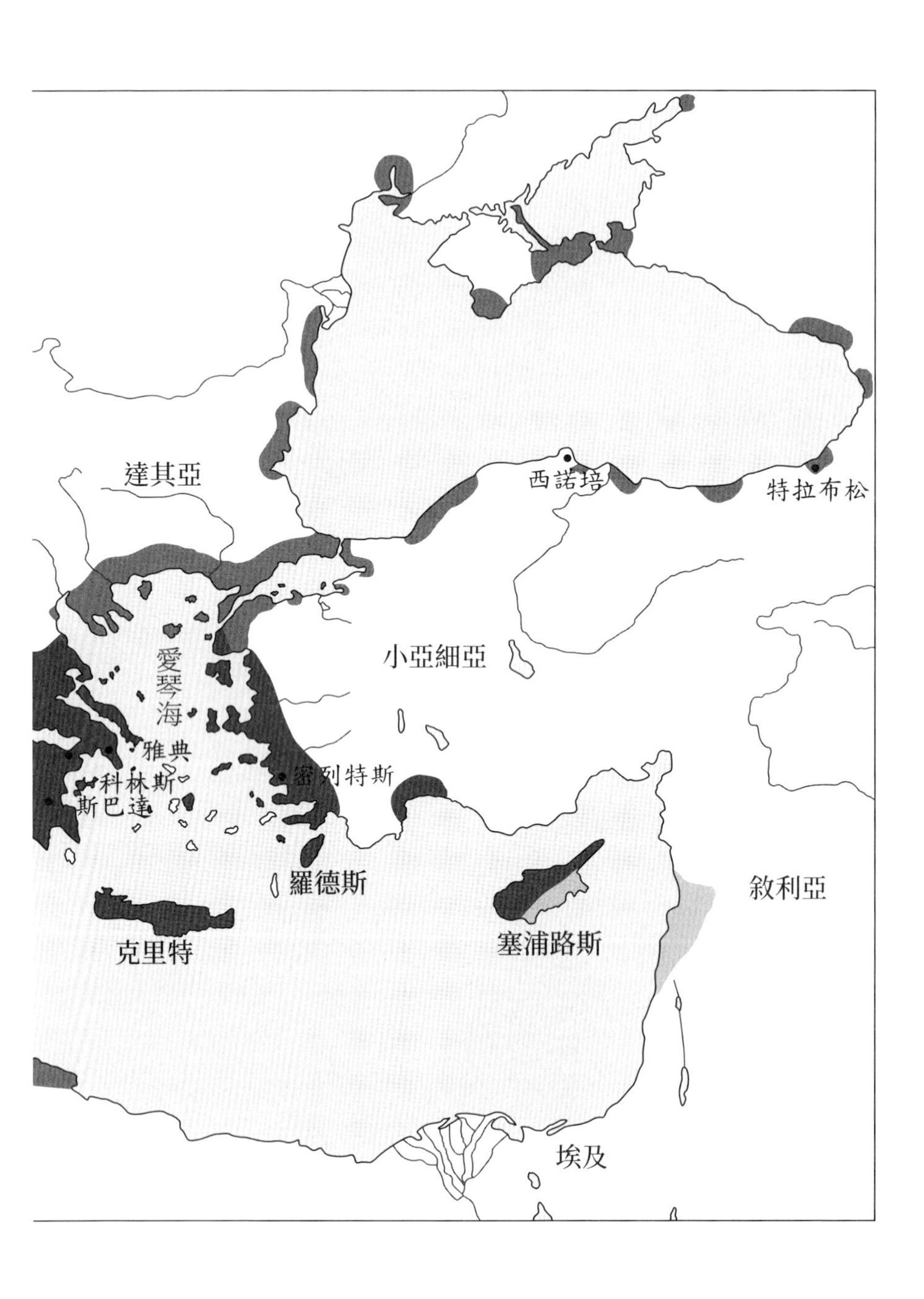
達其亞
西諾培
特拉布松
小亞細亞
愛琴海
雅典
科林斯
斯巴達
密列特斯
羅德斯
克里特
塞浦路斯
敘利亞
埃及

波河
馬賽
尼斯
亞諾河
伊特魯里亞人
臺伯河
義大利人
亞德里亞海
科西嘉
薩丁尼亞
第勒尼安海
拿坡里
塔蘭托
科孚島
庫洛得
墨西拿
塞里努提
亞格里珍特
迦太基
敘拉古
西西里
愛奧尼亞海
地中海
昔蘭尼加
第一次殖民活動後
第二次殖民活動後
腓尼基人、迦太基人勢力範圍

希臘殖民勢力擴張圖

島與薩丁尼亞島，那一帶的海域現在叫做「第勒尼安海」，字面意思就是「伊特魯里亞人之海」。

西元前八世紀，他們的勢力向北擴張到以流經佛羅倫斯的亞諾河為界，向南則以通過羅馬的臺伯河為界。這個區域內現今所留存的市街，全都是伊特魯里亞人所建的，因此幾乎都建在山頂上。

古代的伊特魯里亞是由十二個都市國家所組成的聯合城邦，在這十二個都市國家中，目前知道名字的有阿里廷、伯魯特拉、丘吉、比特魯伯、奧魯比亞特、塔奎尼亞、伽魯維特利、威伊、帕魯西亞等九個都市，其中有七個現在仍然存在。雖然伊特魯里亞是一個聯邦組合，但各個都市國家卻都有強烈的獨立傾向，唯獨在宗教上保有共識，其餘政治、經濟與軍事各方面則鮮少有一致的步調。在這些都市國家中，並沒有哪個國家是特別強大的；也就是說，聯邦內缺少領導都市，無形中這也變成了它們日後的致命傷。

伊特魯里亞人是土葬的民族，因此很擅於造墓，他們的墳墓看起來就好像是地上建築的縮小版；而且，在權貴者的墳墓中，還可以發現色彩豐富的壁畫與極盡奢豪的陪葬品。看到這樣的景象，我們可能會覺得伊特魯里亞是個靠技術與通商而繁榮、愛好和平、討厭戰爭的民族，尤其是看了會讓人心生和平、面容祥和的雕像後。但事實上，與其他民族相較之後，會發現他們既不是溫和的厭戰派，也沒有特別和平的性格。他們曾為了要爭奪第勒尼安海的海上霸權，而與迦太基人和希臘人交鋒，而且還有用人當祭典犧牲的習俗。曾經在古羅馬風靡一時的「人獸之鬥」，也是從伊特魯里亞人最喜愛的格鬥競技演變而來的。

而墓壁上所描繪的享樂生活圖，也很容易讓人以為他們是一群好逸惡勞的人。這又錯了。從他們所擁有的高超技術上就可以證明他們是勤勞的一群，這方面的進取心倒是值得加以讚許。由上可知，伊特魯里亞人為羅馬人帶來的影響，其實是非常多元化的。

西元前八世紀到前六世紀時，伊特魯里亞人的勢力是羅馬等族群所無法比擬的；最強盛的時候，勢力甚至遠及南義大利。總之，這時期在波河以南的義大利半島上的勢力，大致可分為北方的伊特魯里亞與南方的希臘兩部份，而羅馬則在這兩大勢力間的夾縫中求生。

殖民義大利的希臘人

西元前八世紀，希臘變成由貴族統治的都市國家（城邦）。由於這個時期希臘社會的發展領域已經擴及到工商業和海運業，所以經濟上的表現比起以農牧為主的王政時代顯得更引人矚目，人口也因此急速增加。除了人口之外，在貴族政權鬥爭中敗下陣來的人，以及隨著經濟發展所衍生出來的有產階級與無產階級之爭，都是這個時代下的產物。

希臘缺少耕地，人民為了生活往往必須到外地尋求出路。西元前八世紀左右，是希臘殖民運動最盛的時期；而他們積極進取的精神與冒險犯難的個性，更加速了他們殖民的速度。

希臘人的殖民建設，涵蓋了整個地中海世界，東起黑海沿岸，西達法國與西班牙。西班牙的馬拉加和法國的馬賽，當時都是希臘的殖民都市。

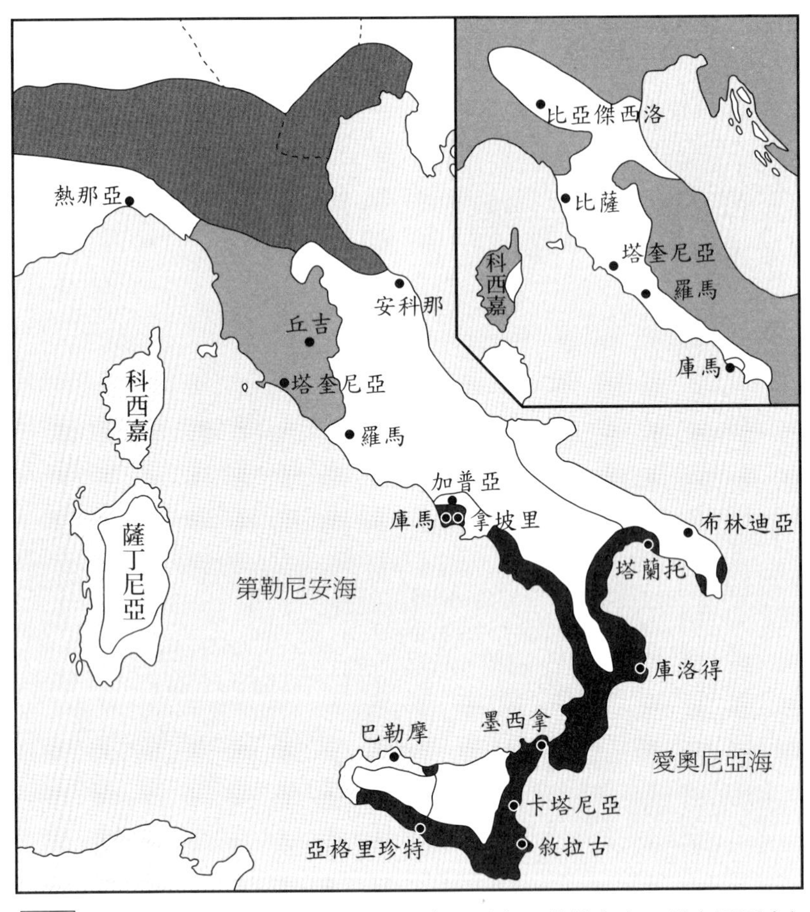

義大利人（拉丁人、薩賓人、溫布里亞人、薩謨奈人、羅卡尼亞人）
伊特魯里亞人
克爾特（高盧）人
希臘人
腓尼基、迦太基人
右上欄白色部分為伊特魯里亞人全盛時期的居住地及文明影響地區

羅馬共和政權演變時期，義大利半島各民族勢力分布圖由於地緣的關係，義大利的殖民建設也屬希臘裔的殖民勢力最為強大。位於現在南義大利的都市中，除了少數是迦太基人所建之外，絕大多數都是希臘裔的殖民都市；這些希臘殖民都市包括拿坡里、塔蘭托遺蹟、庫馬、西西里島的敘拉古、墨西拿與亞格里珍特等，統稱為「大希臘」。

這些都市之所以合稱為大希臘，主要是因為它們發展快速，都在短時間內就興盛竄起的關係。這些都市既然是由已高度發展的希臘人所殖民，建設自然不同凡響；而且當地沒有原住民，自然也不會有種族對立的問題；再加上這批棄國移民的希臘人早就抱定破釜沉舟的決心前來開墾，因此大希臘當然會繁榮了。

這些殖民都市與祖國之間的關係，也充分反映出希臘人獨立堅強的性格。對塔蘭托人而言，斯巴達就如同陌生的異鄉；而敘拉古人眼中的科林斯也猶如他國。儘管如此，殖民都市與祖國之間還是有頻繁的往來，因為與陸路希臘人相比，他們還是比較適合優游於海上舟船之間；再說，移民南義大利的希臘人總歸還是「希臘人」。不過，這群希臘裔人並不怎麼團結，「大希臘」的各個都市從來不曾共同團結抗敵過。

而新興的羅馬這時為何能在伊特魯里亞與南義希臘民族兩大勢力的夾縫中生存？這並不是因為這兩大強勢民族尊重羅馬的獨立，而是當時的羅馬一點也吸引不了他們。

帶著商品四處兜售的商人，從來不曾與既不買也不生產工藝品的羅馬人接觸過；只知農耕與畜牧的羅馬人，也沒錢購買雅典工匠精美的手工壺與伊特魯里亞製的精緻金屬器具；再加上不靠海的羅馬又不適於防禦。因此對伊特魯里亞人與希臘人來說，羅馬真的是連一點吸引他們扎根的魅力都沒有。

當時伊特魯里亞人由北南下，只有海路與陸路兩種選擇。走陸路的話，就必須通過羅馬，順著河中小島渡過臺伯河，才能到達南方的希臘殖民地。而羅馬不過是個通過點，只要默默地讓他們通過，還不至於會有什麼問題；再者，伊特魯里亞人與希臘人當時還是習慣以海路作為彼此的通商幹線，所以羅馬在新興初期，並沒有強敵壓境的困擾。

建國之王——羅慕路斯

羅馬的七座山丘大多集中在臺伯河的東岸。臺伯河在距出海口約三十公里處先流經奧斯提亞然後才注入地中海。這條發源自亞平寧山脈，全長超過三百公里的河流，雖然稱不上是大河，但在靠近羅馬的地方流水量卻大增。水量豐沛的臺伯河，在羅馬附近向西邊大迴轉，然後逆轉向東，最後再向西迴轉遠離羅馬，如果當初洪水氾濫，這些彎道很可能就會被沖直為筆直的河道，改而直流地中海。

雖然這七座山丘都位於臺伯河附近，但它們卻不曾為水患所苦，因為它們都位在河流東彎的背水面。等到容易有水患的地方人口增加時，羅馬的國基已經穩定，已有能力從事大規模的治水工程，洪水對他們而言更是不足為懼。

這七座山丘由北到南的拉丁語及義大利語名稱分別是：奇里納雷斯丘（奇里納雷丘）、維密納雷斯丘（維密納雷丘）、艾斯奎里努斯丘（艾斯奎里諾丘）、卡匹杜里姆丘（卡匹杜里諾丘）、帕拉提姆丘（帕拉提諾丘）、卻里歐維斯丘（卻里歐丘）及阿凡提努斯（阿凡提諾丘），當時這些山丘之間的平地全是濕地。

而濕地上的這些山丘又都是低矮的小丘，其中最高的卡匹杜里諾丘的高度，也不過海拔五十公尺而已，不像伊特魯里亞人選擇用來建設都市的山丘，每座都在海拔三百到五百公尺之間。

附帶一提的是，由於現在的義大利總理官邸位於奇里納雷丘，負責國政選舉的內政部位於維密納雷丘上；因此，電視報導時通常不說總統府報導，有選舉快報時，也不用內政部等字眼，而是說奇里納雷丘報導或維密納雷丘轉播。

話說二千八百年前，都市建設首重防衛功能，所以七座山丘中以卡匹杜里諾丘最適於建設都市；原因倒不只是因為它有靠近臺伯河的地利之便，更重要的是它三面都是陡峭的斷崖。然而，這個山丘頂上的平地卻嫌太小，像現在才只蓋了羅馬市政府官廳、兩間美術館及教堂而已，就已經沒有多餘的空地了。因此，羅慕路斯才會選擇高度不及卡匹杜里諾丘，但山頂面積卻廣達十公頃，而且同樣臨近臺伯河的帕拉提諾丘為築城之地。卡匹杜里諾丘則用來蓋神殿，保留給諸神居住。而在征戰中被羅慕路斯所殺的雷慕斯，則在另一座寬廣、接近臺伯河、並且尚無人居的阿凡提諾丘建城，這座山丘是七丘中位置在最南邊，而且最偏離中心的一座。

雷慕斯死後，自立為王的羅慕路斯，首先便在帕拉提諾丘的周圍修築城牆，表示要在此建設都市，並且隆重地舉行敬神儀式。據說這一天是西元前七五三年四月二十一日，也就是羅馬的建國紀念日。在往後一千多年的漫漫長日中，這一天也變成羅馬人每年定期要慶祝的重要日子。

那一年，羅慕路斯十八歲。就是這個年輕人，帶領著三千名跟隨他的拉丁子民在羅馬建國的。

羅慕路斯在羅馬建國，成為第一位國王後，並不喜歡獨裁，於是便將國政體系分為國王、元老院與公民大會三個部份，同時它們也是支撐羅馬國政運作的三股力量。

國王是全國的最高權力者，負責宗教祭典、軍事與政治，必須由公民大會投票產生。由於羅慕路斯原本是牧羊人與農民的首領，因此他覺得自己會成為國王是因為人民所選，而不是自己所封；所以羅馬後來有公民大會選舉國王這種非王政作風的制度，應該也是一種很自然的演變吧！

元老院是由羅慕路斯召集的一百名長老所組成的，但不知道為什麼要剛好一百位，可能是在召集了各部族的長老之後剛好湊足這個數目吧！元老院議員並非官職，他們的工作是向國王提出建言，因此不須經過公民大會的選舉。不過，元老院議員們所屬的元老院卻是政府單位。雖然創設的目的只是要聽取有力人士的建言，但是若考慮到確立政體的立場，賦予元老院正式地位似乎是比較有利。私人單位不但職責不明，而且也容易受到聽取建言的一方——在這裡指的是國王本身——的左右。

當時元老院的議員被尊稱為「父老」，有「建國之父」的意味，後來才又出現了「貴族」這個用來代表權貴的名詞。

公民大會是由所有羅馬公民組成，職責是選舉國王及政府官員，但沒有決策及立法的權力；他們還擁有否決權，可以審查國王接受元老院的建言後所擬定的政策。另外，戰爭與媾和也須經由他們的通過才能生效。

羅馬的國家基本組織，就是由上述三者所構成，同時它也是一個依羅馬當時的國情、未來的適用性及簡單清楚的原則所創組的理想政體。

我們再來看看，當初與羅慕路斯一起建國的又是一群什麼樣的人呢？

羅慕路斯建國之前所率領的牧羊人及農民屬於拉丁語系的拉丁民族，他們雖然是拉丁語系中的一支，但並沒有隨其他族人一起移居到臺伯河沿岸建設新國家，是後來才跟隨羅慕路斯在羅馬建國。但不久羅慕路斯就發現，羅馬大部份的公民都是單身男子，所以繼政體確立之後，羅慕路斯的第二項志業，就是開始向外掠奪其他民族的婦女。

這個以武力奪取外族婦女的男性族群，如果真是羅慕路斯與他的部下，那麼他們就有可能只是脫離各部族自立門戶的一群烏合之眾；因為，通常部族移居都會帶著妻小一起行動。但這樣的出身猜測太平淡無奇，不似日後流傳的建國傳說偉大，更不足以提振後代子孫的氣勢。或許就是因為這樣，他們才會想出伊尼亞斯（愛與美之神——維納斯之子，同時也是特洛伊勇士）周遊列國的傳說，還將它與羅慕路斯的身世結合。

神話傳說的價值並無關乎真實性，而是在於相信的人有多少，流傳的時間有多久。羅馬人對於自己是特洛伊勇士後代的說法一直深信不疑，連希臘人也不疑有他。

「強奪薩賓族婦女」這個議題，為後世的畫家普桑、魯本斯等人提供了很好的作畫題材，整個事件的始末，根據古代歷史學家的描述是這樣的：

某天，羅慕路斯邀請薩賓族參加當地的祭典，由於敬神的祝祭日當天禁止戰鬥，所以薩賓族全體便放心地接受了羅慕路斯的邀請。

但是當祝祭進行到高潮部份時，羅慕路斯竟出其不意地下令，要羅馬的年輕人突襲在場的薩賓族年輕女子，薩賓族的男子一時措手不及，只有就近帶著自己的妻小及老人逃回部落。

薩賓族當然沒有就此罷休，他們要求羅慕路斯釋放被扣押的年輕女孩，但羅慕路斯仍然沒有放人，反而還表示他的族人將會與這些女孩結婚，當時似乎尚未結婚的他還率先以身作則。然而這樣的作法並沒有得到薩賓族的認同，於是薩賓人便向羅馬宣戰。

羅馬與薩賓族總共爆發四次戰爭，雖然羅馬一直較占優勢，但有一次在帕拉提諾丘與卡匹杜里諾丘之間戰鬥時，卻反居下風。當時被強奪到羅馬的薩賓女子，她們的身分已是羅馬人的妻子而非奴隸，因此與羅馬人之間也有了感情，所以她們便趁第四次戰爭爆發時混入薩賓人陣營，異口同聲地向薩賓人表示不想再看見自己的父兄與丈夫互相殘殺了，希望雙方能夠停戰。

羅馬王羅慕路斯與薩賓王提烏斯在聽了薩賓女子的傾訴之後，從中得到感悟，因此決定達成和議。

在今日的歐洲，新人結婚時，新郎必須抱起新娘跨越新居的門檻，就是從羅慕路斯時開始流傳下來的習俗。然而，羅慕路斯留給羅馬後世的慣例，還不止於此。

羅慕路斯向薩賓族所提的和平協議模式，並不是雙方劃清勢力範圍，而是部族合併，並且要薩賓族全部移居到羅馬七丘之一的奇里納雷丘上。

薩賓族可能是基於利益的考量，所以接受了羅慕路斯的提議。兩族以對等地位合併，而非羅馬吞併薩賓族；並且由薩賓王提烏斯與原羅馬王羅慕路斯共同治理國家，所以當時的羅馬有兩位國王。

所有的薩賓族人都與羅馬人一樣擁有公民權——如私人財產所有權、公民大會投票權等，薩賓族長老也可以出任元老院的議員。

當時羅慕路斯採用這種策略，或許只是希望藉此增加人口及兵力，但卻也產生了出乎羅馬人意料的結果，普魯塔克在《列傳》一書中說：

「同化戰敗者是羅馬強大的最主要因素。」

而羅慕路斯的另一項成就，就是利用戰爭保衛完整疆土，這對建國者而言是絕對必要的手段。薩賓國王在合併後不久就戰死了，因此就由羅慕路斯全權指揮作戰，他在位的大半時間（三十七年），可以說都在與鄰近部族作戰，這同時也算是新興國家的宿命吧！當時他發明了一種將軍隊依百人為單位分小組的制度，稱之為「百人隊制度」，它是羅馬軍隊中最小、也是最核心的單位，這個制度後來一直沿用到羅馬滅亡。

雖然羅馬屢次戰爭死傷都不少，但人口及戰力卻依然持續增加，這可能要歸功於與薩賓族的合併。

西元前七一五年，進入羅慕路斯統治時期的第三十九年，羅慕路斯一如往常地進行閱兵，但這時天空突然烏雲密布，嘩地下起隆隆的大雷雨，傾盆而下的大雨遮擋住人們的視線，連耳朵也籠罩在一片轟隆轟隆的雷聲中。

好不容易等到雨停了，雷聲也止了，人們抬眼望去，卻發現羅慕路斯不見了，只剩下空空的寶座，於是大家紛傳國王羅慕路斯被召喚到天上去了。這場突來的不幸雖然讓人們感到失措，但羅慕路斯的功績是有目共睹的，所以大家一致決定奉他為羅馬的建國之父，並以祀神之禮祭拜他。

然而，在繼承者的推選方面就沒那麼容易決定了。原因有二：第一，羅馬坊間盛傳羅慕路斯是被忌諱他擴充權力的元老院議員所殺；第二，拉丁人及薩賓人都希望能由自己的族人繼任王位，而當時被要求調整職務的元老院，根本無力解決這些問題。但就元老院內部分裂為親羅慕路斯派和反羅慕路斯派的情形來看，羅慕路斯很有可能真的是被元老院某些議員所殺。

在這種紛亂的情況下，被推舉出來的第三人選有很多，而人們則注意到一位以人格高尚聞名的人物。

第二代羅馬王——努馬·龐皮利烏斯

在民族興盛時期，經常可見適時、適所、適才、適用的現象。在羅馬長時間的傳承中並不難發現這樣的例子，而努馬·龐皮利烏斯當選為羅馬王大概就是其中一例。

努馬並不是羅慕路斯招聘來的移民，他是一直住在祖居地的薩賓人，平時一面耕作一面苦讀，是個晴耕雨讀型的人物。他的品德高潔、教養良好，在羅馬相當出名。

當時的元老院在拉丁派與薩賓派的僵持之下，一致決定推選努馬為王。於是長老們到薩賓舊地探訪努馬，並將決定告訴他，希望他能接受託付就任王位。一開始努馬以他已經四十歲為由拒絕長老們的請求，因為四十歲在當時已經不屬於人生開始起步的年紀了。

努馬在長老們的再三請託之下，終於答應了，於是他與長老們一起回到羅馬。努馬進入羅馬城後，穿的並不是軍服，而是像神官似的蓋頭長衣，身邊也沒有跟著手執斧柄權杖，用以宣示王威的安全護衛。

但經公民大會同意即位的努馬，並不是想要藉此實行神權政治。羅馬國王與人神合一的埃及法老王不同，與介於人神之間具有濃厚神官色彩的美索不達米亞國王也不一樣，更不像類似豪族首領的希臘國王。

羅馬的國王並不是為了宣示神意而存在，他是為體現民意、領導全民而誕生的。因此羅馬王位雖是終身職，卻不能世襲，必須經由選舉產生，也因此羅馬人並沒有想過要由羅慕路斯的後代（羅慕路斯確實有後代）繼任第二代王。所以，與其稱羅馬統治者為「國王」，倒不如稱做「終身職的總統」來得恰當。

歷史學家李維斯在《羅馬史》一書的開場中敘述努馬的功績如下：

「羅馬一直以暴力與戰爭奠立基礎，但努馬即位後，卻想從立法與習慣方面著手為羅馬扎根。」

這裡所說的「立法」，與其解釋為制定法律，倒不如說是確立秩序。當時的羅馬人有很嚴重的武力傾向，所以努馬想要教他們做人應有的禮節，以及如何跨越對未知的恐懼。

努馬還為門神雅努斯（祂也是戰神）建造神殿。雅努斯的字義是「出入口」的意思，祂的造型是兩個朝反方向背對的頭。努馬在雅努斯神殿的大門上標示著：此門戰時打開，和平時關閉。據說在努馬治理羅馬的四十三年間，這扇門一直沒有打開過。

但自從努馬死後，它就沒有再闔上，直到西元前二四〇年第一次布尼克戰役結束後，才關閉了一小段時間，不過隨即又打開了。後來一直到屋大維在朱利斯．凱撒死後所發生的內亂中，擊敗安東尼與克麗奧佩脫拉聯軍的西元前三一年才又第三度關閉。

努馬在位期間，除了必要的防衛性戰爭外，一律反戰。沒有戰爭自然就沒有戰後的掠奪，那麼就得為生計另謀出路，於是努馬致力於農業與畜牧業的振興。

此外，努馬也依照工作性質的不同，將羅馬公民劃分歸類到各個屬性相同且有保障的團體，如木匠工會、鐵工工會、染色員工會、陶藝工會等。成立工會，除了要讓羅馬人對自己的職業產生榮譽感外，更重要的是想藉此防止拉丁與薩賓部族的對立。當時的羅馬，除了上述兩部族外，其實還有其他族群存在，像伊特魯里亞人也組有聯盟團體。而羅馬在建國之初就是一個多民族國家，這類型的國家如果發生種族摩擦，將會嚴重影響到國政的正常運作。

努馬為了重整人民的生活秩序，也進行曆法改革。

羅慕路斯時期的羅馬曆法，並沒有訂出每一年的天數。到了努馬的時候，他以月亮的圓缺為準，將一年分為十二個月，並將一年定為三百五十五天，多出來的天數，則每二十年計算一次。在凱撒將一年改為三百六十五天以前，羅馬人的生活都一直深受努馬曆法的支配。

而在月份順序的安排上，他也將原本是第一個月的「三月」移到第三個月的位置上，而把以前是十一、十二月的「一月」、「二月」換到前面去。不過月份的名稱完全沒有改變，可能是因為人們已經用慣了，所以保留原稱呼以避免混亂，所幸月份與原名稱不吻合的情況只有從九月到十二月才有。

以下列舉出各月份的通稱，並附上中文、日文、拉丁文與英文的月份名稱。而檢附英文是為了可以讓我們看得更加清楚，因為英文也是受羅馬文明的影響演變而來的。

中文	日文	拉丁文	英文	
一月	睦月	Ianuarius	January	此語源自雅努斯神。
二月	如月	Februarius	February	此語有「潔淨」的意思，可能是從“Purificatio”這個單字而來，人們通常會在這個季節殺家畜。
三月	彌生	Martius	March	此語源自戰神馬爾斯。
四月	卯月	Aprilis	April	花開的意思，從“Aperio”而來。
五月	皐月	Maius	May	從商、旅之神“Mercurius”的名字而來。

六月	水無月	Iunius	June	此語從“Iuno”女神（朱比特神之妻）的名字或“Iuniores”這個字而來。
七月	文月	Iulius	July	朱利斯．凱撒誕生於此月，為了紀念他而用此名。西元前四十四年凱撒遭暗殺前，並不是用這個單字，而是用“Quintilius”，是第五個月的意思，也就是從三月算起的第五個月分。
八月	葉月	Augustus	August	此語是為了紀念羅馬第一位皇帝奧古斯都。在共和時代，是用“Sextilis”這個字，就是從三月算起第六個月分的意思。
九月	長月	September	September	此字表示從三月依序算起的第七個月分。
十月	神無月	October	October	同上，代表第八個月。
十一月	霜月	November	November	同上，代表第九個月。
十二月	師走	December	December	同上，代表第十個月。

然後，努馬也訂出一套完備的節日與休假制度。

羅馬在每個月的九日與十五日都有集市。當天是羅馬人的假日，大家都會放下手邊的農事，各自帶著收成的農作物集中販賣。再加上其他各個不同神祇的祝祭日，一年共有四十五個假日，所有的機關遇到這種國定假日一律停止辦公。

但是在第二代王努馬的所有功績中，最突出的應該要算是宗教改革。

羅馬在努馬統治以前，就已經有很多神祇存在了，努馬將這些神祇加以整理歸類，甚至將性質相近的羅馬與希臘神祇合併。羅馬神祇中較有名的有：萬神之王朱比特（希臘的宙斯）、他的妻子朱諾（希臘的希拉）、愛與美之神維納斯（希臘的艾芙洛迪特）、狩獵女神黛安娜（希臘的阿蒂蜜斯）、藝術之神阿波羅、智慧女神雅典娜以及戰神馬爾斯等，還有像雅努斯等古老的拉丁神祇，連先王羅慕路斯死後也被升格為神呢！

努馬在歸類的時候，也為諸神制定位階，不過為了讓人們了解敬神的重要，他並沒有特別訂出羅馬的神。

以希臘、羅馬宗教為代表的多神教，與以猶太教及基督教為典型的一神教之間有很大的差別。多神教並不要求神來端正人們的行為操守或倫理道德；但反觀一神教，那卻是作為神的職責。多神教中的神祇，正如我們在希臘神話中所見的，和人一樣有缺點，由於祂們不必負責匡正道德倫理，所以即使有缺點也無傷大雅；但如果是要成為一神教中的神祇，那可就必須要有完美無缺的性格了，因為祂們的職責就是要能「人」所不能。

以下是摩西的「十戒」：

一、除了我之外，不得承認他者為神。

二、不得崇拜偶像。

三、不得隨意直呼主與神的名號。

四、要記得安息日，並以尊敬的心情面對這一天。
五、要尊敬父母。
六、不可殺人。
七、不可姦淫。
八、不可偷盜。
九、不可為人作偽證。
十、不可擅自闖入別人的家門。

羅馬人認為無論何地何物都有神的存在，就連國王在死後也可以變成神，這樣的信仰已經違反十戒中的第一條戒律。另外，羅馬人不只崇拜神像，還喜歡雕刻祖先的遺像，這也與第二條戒律背道而馳。至於第三條戒律，如果考慮到羅馬人經常以叫喚朱比特神或赫拉克斯神的名字來代替「糟了！」的習慣，當然也不用說了。接著看與安息日有關的第四條，羅馬人在假日當天，除了敬神以外，並不是什麼事都不做，只是不用做例常性的工作罷了。

至於第五到第十條戒律，羅馬人當然會遵守，這六條屬於道德倫理方面的規範，已經不是信不信仰宗教的問題了，而是區別人與獸的道德依歸；即使摩西沒有將它們納入戒律中，一般人也會遵守的。

附帶一提，從猶太教分出來的基督教對於摩西十戒，除了第一項還忠於猶太教，仍屬於一神教之外，其他戒律似乎全採取了多神教的作法。例如，雕刻神像、「隨意」叫喚神和上帝的名字、用「我的主啊！」、「上帝啊！」代替「糟了！」，就連安息日，也要找些運動等事情來做做。也許就是這樣，才成為了世界宗教吧！

從第五至第六條戒律我們可以知道，猶太教將匡正道德與思想的任務納入宗教的範疇內，在這一點上，基督教和猶太教的立場倒是完全相同。基督教之所以會在戒律上妥協，正是因為它洞悉人們的心理，因此基督教還是算一神教。

那麼自己都無法嚴守道德規範的諸神，又該如何去制約羅馬人呢？

守護神的任務就是負責守護的工作。如朱比特是守護首都的最高神祇、戰神馬爾斯與雅努斯是守護戰場之神、凱莉斯是農業女神、巴卡斯是葡萄酒釀造之神、墨爾克里烏斯（馬丘里）是經濟活躍之神、伊斯克雷比奧斯是醫病之神、朱諾是幸福與結婚的守護神等，除此之外尚有諸多神祇無法一一列舉，羅馬人相信他們一直深受這些神祇的保護。羅馬的神祇之所以會比擅長抽象思考的希臘來得多，主要是因為他們具體實際的性格所致，而且羅馬人也不排斥外來的神祇，還積極地引進，這大概是因為他們覺得有愈多的守護神保護愈好。

然而，古羅馬所指的守護神，並不是指連無所事事者都予以守護的好心之神，他們認為唯有對努力貢獻的人給予協助的，才是真正的守護神。像比莉普拉卡女神專門守護吵架的夫妻，就是個很有趣的例子。

不曉得哪個國家有句俚語：夫妻之間的事，連狗都懶得理。夫妻之間爭執時，雙方各自據理力爭，音量會不知不覺地愈提愈高，彼此都認為如果沒有出聲的話就表示輸了，於是都會卯起勁來猛烈砲轟，好讓對方沒機會開口。然而愈是這樣，對方心裡就愈不爽快，也跟著一來一往沒完沒了。羅馬的夫妻為了打破這個僵局，就會相偕前往供奉比莉普拉卡女神的廟祠去。

在那裡，除了神像之外沒有半個人，也沒有祭司。因為羅馬城內大大小小的神殿與廟祠如果都要配置祭司，那麼即使出動全國人民也不夠分配，所以安奉女神的小廟當然就沒有祭司了。當時這座小廟有一條不成文規定，就是如果要向女神告解，一次只能一人；而羅馬人非常虔誠，即使沒有人員看管，也會自動遵守規定。

因此，礙於此規，當一方在訴苦的時候，另一方也就不得不安靜地傾聽，聽完之後，就會發現其實對方說的也不是完全沒有道理。當雙方輪流告解完畢之後，彼此原本激動的情緒也會因此而稍微緩和，最後感情恢復，事情也沒了。

像希臘、羅馬這種尋求守護神庇佑的觀念，其實是人類的本能需求。比猶太教更具柔軟性的基督教，特別是泛基督教也注意到了這一點，但因為它是一神教，所以便由稱為守護聖人的聖賢來替代守護神的角色，而且不像羅馬連姦淫者都有守護神。近代的義大利也有所謂的守護聖人，指的就是聖方濟。然而，一向擅於隨世俗所需而修正教義的基督教，顯然沒有想到要為吵架的夫婦安排一位守護聖人。

在羅馬，守護羅馬人的眾神是由祭司來侍奉的，所以在祭司組織方面，努馬也做了一番重整。祭司階級中地位最高者為最高神祇官，其下有五到十名的祭司；另外，還有一群負責看守聖火的女巫，她們必須保持處女之身服務三十年；再來，還有一個十人左右的祭司團，他們藉由觀察鳥兒飛行及啄餌的樣子，來占卜國事的吉凶。

或許有人懷疑，如果在出征前卜到凶卦，是不是就不打仗了呢？其實羅馬人根本不會碰到這種情況。

首先，他們認為即使不小心卜到凶卦，只要不看見卦象就不會受影響；因此卜到凶卦時，祭司只要閉上眼睛就沒事了。

再者，判斷卦象的吉凶是祭司的工作，吉凶全憑祭司之說。所以為了讓士兵們相信吉兆，祭司依據軍官的期望去解釋鳥卦也是常有的事。由此可知，不管任何時代，只有在上位者才是最清醒的人。

在探討羅馬宗教的同時，我們不得不注意到一個與其他民族截然不同的特色，那就是羅馬人沒有一個脫離世俗，專門司職人神溝通的祭司團。

羅馬的祭司及神職人員，既不是神的代言人，也不是神的宣揚者，他們更無須具備特殊的能力或接受養成訓練。以女巫為例，她們過的生活與一般人沒有什麼兩樣；位階再高一點的大祭司及普通祭司則是透過公民大會選舉產生的。他們與執政官等政府職一樣，都是公務人員，薪俸也許少了點，但好處卻不少。

由於羅馬的神職人員並不屬於特定階級，因此沒有招嫉之虞，他們也沒有必要為了保護自己的階級而過度執著於宗教之事，因此羅馬沒有宗教與政治互相勾結或鬥爭的情形。而這種自然演進的政教分離型態，也許正是努馬最偉大的功績。

出生於西元前後的希臘史學家戴奧尼索斯，在他的著作《古羅馬史》一書中說道：

「羅馬強大的主因，在於他們的宗教思考模式。」

羅馬人並不用宗教作為行事的指導準則，因此不會有利用宗教信仰來支配人心的情形。雖然拿宗教作為最高的指導準則會有許多的好處，但無法獲得異教徒的認同仍是一個大問題。

誠如戴奧尼索斯所說，因為羅馬人對宗教並不狂熱，因此沒有排他與封閉的問題，更不會將異教徒視為異端，即使發生戰爭也不會是宗教之戰。

一神教與多神教的差別並不在於神祇的數量多寡，而在於它是否承認其他宗教的神祇，一旦承認其他宗教的神祇，就表示承認其他宗教的存在。雖然今日距努馬時代已經有二千七百多年，但我們卻仍舊處於一神教的思考模式中無法跳脫出來。

而在缺乏道德規範型的宗教的情況下，如果想要抑制獸性，維持個人及國家的正常運作，一定要有一個自我規範的組織。對羅馬人來說，絕對父權制的家庭與任何人都必須服從的法律就是這樣的規範組織。

宗教無法規範不具共同信仰的信徒，但是法律卻可以約束具有不同價值觀的人；因此對不具任何共通條件的人而言，法律有其存在的必要性。而羅馬人之所以會視法律為最高指導，相信也是在衡量本身的宗教屬性後，必然的演進。

希臘人與羅馬人一樣不冀求神祇作為道德規範，然而他們將規範寄託於哲學之中。哲學誕生於希臘，特別是蘇格拉底以後的希臘哲學，可以說都是希臘人的思考結晶。

猶太人藉由宗教匡正人類的行為；希臘人選擇以哲學來做規範；羅馬人則用法律約束人民，由此可以清楚地看出這三個民族不同的特質。

話又說回來，努馬又是如何成功地推動這些基礎性的複雜改革呢？

努馬在即位之初並不是羅馬公民，也沒有獲得羅慕路斯時代移民羅馬、與拉丁人同為羅馬支柱的薩賓人全面支援，他是在沒有支援勢力及血緣關連的情況下，以異鄉人的姿態即位稱王的。而他的即位雖是受元老院之託，並且經過公民大會正式通過，但氣勢仍不夠強；只要他與元老院不合，元老院有可能會像暗殺羅慕路斯一樣地殺掉他，而且來自民眾的支持也不穩定。世界上仍有許多人無法單憑抽象解說意會實況，努馬也無法像羅慕路斯一樣，利用具體的軍事功績來讓民眾了解他的實力。

努馬就任王位後，立刻解散先王羅慕路斯護衛隊的三百名士兵。之後，他經常身著神官的白色袍服，一個人跑進森林裡，對眾人佯稱他到林中與仙女對話，不久之後大家便都相信，努馬是諸神透過仙女所指定的真命天子。確實，每當努馬從森林裡出來向公民大會提出改革案時，都會順利獲得公民大會及元老院認同，這就是以非武力擴張的形式獲得權力的一個例證。

努馬在治國四十三年後，也許就是在眾仙女的接引之下，平靜地溘然長逝。

第三代羅馬王——圖盧斯・霍斯提利烏斯

繼努馬之後被推選為羅馬國王的是圖盧斯・霍斯提利烏斯，他與羅慕路斯一樣是拉丁裔的羅馬人，也都是侵略型的人物。羅馬經過了努馬的內部充實時期之後，在圖盧斯的領導下開始對外發展。

圖盧斯國王以拉丁人的起源地，同時也是羅馬人祖居地的阿爾巴隆加為第一個攻擊目標。開戰的理由很簡單，因為住在兩國邊境的農民發生衝突，阿爾巴隆加拒絕為農民的掠奪做賠償，所以羅馬決定開戰。

然而，阿爾巴隆加是個已有四百年歷史的獨立國家，並不是建國短短八十年的羅馬可以容易扳得倒的。於是圖盧斯以強大的伊特魯里亞環伺在近，沒有必要做無謂的流血戰為由，提議由代表者決鬥以定勝負。

兩軍各派出三兄弟，分別是霍拉提烏斯及克利亞提烏斯家族的年輕三兄弟，由他們代表各自的祖國而戰，獲勝的國家可以和平統治戰敗國。

六名年輕人走到待命的軍隊前方，信號一發，在兩軍摒息凝視下，持劍開始決鬥。

在一陣激烈的纏鬥後，羅馬這一方有一人被擊倒。不久，又有一人被制伏在阿爾巴隆加騎士的劍下。唯一殘存下來的羅馬騎士見狀，驚慌地落荒而逃。他一邊逃一邊回頭看，發現緊追在後的三名阿爾巴隆加騎士，彼此還相隔一段距離，於是他趁機擊倒第一個追來的阿爾巴隆加騎士；然後，又打倒第二個。這時對方也只剩一人，又回到勢均力敵的狀態，現在要比的就是個人的武力及體力了。最後，由羅馬騎士霍拉提烏斯獲勝。

然而，事情並沒有就此結束。阿爾巴隆加國王因為無法忍受只憑一次決鬥就決定國家命運的事實，不僅不遵守約定，還煽動鄰近的部族反羅馬。羅馬礙於這種情勢，也顧不得要逼阿爾巴隆加國王履行約定了，只得立刻迎戰鄰近的諸部族。而在這次事件中，阿爾巴隆加不表明立場地袖手旁觀，其實正犯了天大的錯誤。

羅馬在戰爭中勢如破竹，率軍親征的圖盧斯很清楚，他真正的目標不是眼前的諸部族，而是阿爾巴隆加。因此羅馬軍在制服諸部族後，隨即猛攻阿爾巴隆加，沒有多久就攻陷阿爾巴隆加城，並逮捕阿爾巴隆加國王。

圖盧斯將阿爾巴隆加違背約定的所有責任歸咎於阿爾巴隆加國王，將他處以極刑，他們將阿爾巴隆加國王的兩腿分別綁在兩匹馬上，然後鞭笞馬匹讓牠們朝相反方向跑去。這就是羅馬最早的極刑。

羅馬還徹底地破壞阿爾巴隆加城，強迫當地居民遷往羅馬，不過不是要他們當奴隸，而是將他們歸化為羅馬公民。這群與羅馬人一樣擁有公民權的阿爾巴隆加人，被安置在羅馬的卻里歐丘上，奎提利烏斯、塞爾維斯、朱利斯等阿爾巴隆加豪族，也被編入羅馬貴族之列，他們的代表一樣可以進駐元老院。如果當時羅馬將阿爾巴隆加人趕盡殺絕或貶抑為奴隸，那麼就沒有日後出身自朱利斯家族的朱利斯·凱撒了。

然而，阿爾巴隆加之戰的意義，不只是對鄰近部族作戰這麼簡單的意思，它無疑也是一種宣示，暗示著羅馬從今以後就是拉丁民族的母國了，羅馬不再以移民聚合的分家形式存在，而變成了拉丁民族的本家。此外，羅馬人也繼承了羅慕路斯以來的敗者同化路線；同時，對不遵守約定的背叛者也確立了仲裁的方向。

羅馬的人口在同化薩賓人後已經倍增，再加上阿爾巴隆加人，人數就更多了。羅馬賦予他們同等權利的同時，也期望他們盡相同的義務。羅馬公民當時首要的義務就是服役，所以羅馬的兵力在阿爾巴隆加人歸化之後便大增。

圖盧斯率軍歷經重重的征戰後，建立了超越羅慕路斯的軍事功績，而他的治世在三十二年後也宣告結束，據史學家李維斯說，他是遭雷擊斃的。

第四代羅馬王——安庫斯・馬基烏斯

圖盧斯死後，接任第四代羅馬王的是薩賓裔的安庫斯・馬基烏斯。他生長在羅馬，母親是努馬的女兒，外祖父努馬去世時，年僅五歲，三十七歲就任王位。人們或許以為他會和努馬一樣是個溫和派的統治者，但在時代的驅使下卻沒能讓他成為這樣的國王。

前一任國王在位的三十二年中，一直都與拉丁人母國阿爾巴隆加及薩賓族戰爭；到了安庫斯的時候，還是一樣無法避免與拉丁部族之間的衝突。

因為羅馬的實力逐漸雄厚，已經壯大到引起周圍部族的注意了，正是所謂的樹大招風。

而且，移居羅馬境內的拉丁人與薩賓人，再怎麼說還是「拉丁人」與「薩賓人」，他們的「母國」仍舊存續在羅馬周圍，但勢力都不大。其中號稱拉丁母國的阿爾巴隆加，也不過是個都市國家，因此他們對移民者建立羅馬國一事始終無法釋懷，後來導致新興羅馬與鄰近部族不斷發生戰爭，雅努斯神殿的大門也因此一直開啟著。

第三位國王圖盧斯雖然是拉丁人，但是他並沒有全力討伐薩賓族；薩賓人出身的第四代王安庫斯也沒有出兵侵略拉丁族，倒是圖盧斯反而去攻伐與自己有血緣關係的阿爾巴隆加。

因此，真的可以稱他們為「羅馬人」；如果硬要區分，也只能用拉丁裔與薩賓裔來稍做區別。「羅馬人」始終秉持「羅馬化」的作風，並沒有視戰敗的拉丁人、薩賓人或其他民族為戰俘與奴隸。

他們像以往一樣將戰敗者遷到羅馬居住，給予戰敗國的移民與早期移民同等的公民權，並提供元老院議席。然而，他們卻開始破壞戰敗國的都市，愛國的李維斯為這樣的行為辯解，他認為這只是為了讓移居者可以永久居留羅馬的一種手段。而羅馬人的破壞計畫似乎忽略掉村落，以致日後仍有一些獨立的拉丁及薩賓部族散存，但羅馬並不以為意；不，應該說想要後悔也來不及了。

這時候，羅馬七丘上的移民正逐漸增加。在帕拉提諾丘上盤據著自羅慕路斯以來就有的拉丁裔羅馬人；奇里納雷丘是薩賓裔羅馬人的大本營；卻里歐丘被分給阿爾巴隆加人；最新的移民則住在阿凡提諾丘；再加上作為神居地的卡匹杜里諾丘，七座山丘中已有五座住人。而這五座可能是七座中面積及高度較適於居住的，其餘兩座維密納雷丘及艾斯奎里諾丘，平地面積都太小、而且海拔太低，排水問題仍未解決。

第四代羅馬王安庫斯在位二十五年，除了戰爭外，也完成了幾項事業。

第一，首次在臺伯河上築橋。基於防衛上的需要，他要將西岸的強尼克羅丘要塞化，與集中在東岸的七丘做連結，於是在臺伯河上修築了一條木橋。

第二，征服臺伯河口的奧斯提亞。羅馬因此得以首次將觸角伸向地中海，也由於奧斯提亞沿海沙岸產鹽，因而獲得鹽田，成為一項有利的資源。

鹽，是每個人不可或缺的物資，因此擁有鹽就掌握了出口的優勢，這對當時以物易物的羅馬而言，相當重要，他們因此可以開始做生意。

在羅馬早期的街道中，有一條最古老的街叫做比亞．薩拉里亞街，字面的意思是「鹽街」。羅馬就是為了運送臺伯河口附近生產的鹽到內陸各都市，才會建造這條街。

羅馬的勢力擴展一直都與常見的農耕民族一樣，緩慢而踏實地進行著。不過，這樣平穩的腳步，偶爾也會因為組織裡有異己份子出現而產生衝擊；這種化學效應似的變動，就發生在羅馬建國後的第一百三十九年。

第五代羅馬王——塔奎尼烏斯．普里司庫斯

有一戶人家在安庫斯時代，帶著好幾輛牛車從外國來到羅馬，每個人都可以從他們華麗的裝扮及一頭的長髮辨識出他們是伊特魯里亞人。

然而，身為一家之主的塔奎尼烏斯並不是純種的伊特拉斯坎人（也就是伊特魯里亞人），他的父親是從希臘的科林斯流亡至伊特魯里亞的希臘人，母親才是伊特魯里亞人，他的母親出身伊特魯里亞的權貴之家。但封閉的伊特魯里亞社會雖然不排斥與異族有經濟上的往來，卻很反對與其他民族融合血統。

塔奎尼烏斯很清楚，如果自己繼續待在伊特魯里亞，終究還是別人眼中的外國人，根本沒有翻身的機會。在對前途絕望之餘，他毅然決定出外發展。

塔奎尼烏斯有科林斯的血統，照理說，應該往南義大利科林斯移民建設的敘拉古發展；而且西元前七世紀末的敘拉古，繁華程度更甚羅馬。但是塔奎尼烏斯並沒有去敘拉古，因為希臘人與伊特魯里亞人一樣都是純種主義者。

混血兒的塔奎尼烏斯為了替自己闢出一條生路，便選擇移民羅馬。當時各國都知道，只要願意定居羅馬，就可以擁有公民權；而且努馬與安庫斯的例子又證明了，即使不是身為與開國者一樣的拉丁人也可以當國王，在這些因素使然下，塔奎尼烏斯毅然決定舉家遷移羅馬。

當時的羅馬，早就有像他這樣脫離伊特魯里亞出來尋求發展的人，因此他更積極想融入種族意識淡薄的羅馬社會。塔奎尼烏斯繼承了父母親不少的財產，這樣的財力加上他本身的才能，要融入羅馬社會想必並不困難。果然，不出十年他就從一個外國人，進身成國王安庫斯欽定的遺言執行者。

可是，公證人的身分並不能滿足塔奎尼烏斯的野心。安庫斯死後，他竟出馬參選國王，而且成為最早參加選舉運動的羅馬人。李維斯說：

「據說塔奎尼烏斯為了當選國王，不斷地在羅馬發表演說，向公民拉票。」

他所發表的選舉演說內容如下：

「雖然我是外來的移民，不過在羅馬，由外國人當政的情況早有先例。這裡將是我終老的地方，我的妻兒及所有財產更是早已全部移置羅馬，我根本沒有理由離開這塊土地。再論年齡，我絕對適合擔當負有重任的公職；而且先王對我也很信賴；在敬重羅馬諸神及尊重羅馬法律方面，我更有不落人後的自信……」

最後，塔奎尼烏斯終於在公民大會中獲得壓倒性的支持，當選為羅馬國王，元老院也無異議通過。一直以來都是由拉丁、薩賓兩族人交替就任的羅馬王位，至此開始有伊特魯里亞裔的國王出現。

第五代國王塔奎尼烏斯確實是一位非常有才能的領導者。在位三十七年間，不僅擴張了羅馬的領土，還開始重整羅馬，讓它像個真正的都市，並且大大地提升了羅馬人的生活水準。

塔奎尼烏斯一即位，就立刻以羅馬人口增加為由，將羅慕路斯以來一直維持一百個席次的元老院議席增加到二百個，但實際上他想藉此確立權力的意圖卻非常明顯。因為當時只有元老院的勢力可以與新任國王抗衡，而國王可以指派元老院議員，塔奎尼烏斯這時當然指派自己的人當議員囉！同時，靠群眾起家的塔奎尼烏斯內心也很清楚，單靠群眾的支持是很危險的。新任國王在基礎穩固後，就為了與周邊部族作戰率軍離開羅馬。

當時的羅馬軍隊在各任國王適度地指揮及士兵們的英勇奮戰下，名氣逐漸提高，不管面對什麼樣的敵人總是意志高昂，戰爭對他們來說已是家常便飯，可說是象徵著激戰後的勝利。然而，塔奎尼烏斯並沒有像前幾任國王一樣採取同化敗者的策略，將戰敗國的人民遷移到羅馬，並且賦予公民權；而是開始奪取戰利品，每次凱旋歸國時，總是滿載而歸，東西多得讓羅馬人民看傻了眼。

不過，後來的羅馬還是很歡迎其他民族移民。由此可見，塔奎尼烏斯作風上的不變，可能只是為了博得民眾的好感。後來，鄰近部族的騷動漸趨平息，塔奎尼烏斯便利用這段時間，在羅馬開始著手大規模的開發。

他認為羅馬人只住在七丘上，根本沒有善加利用羅馬的土地，因此他想開發山丘與山丘之間的濕地。

帕拉提諾丘北邊的低地，從前是一片溝渠密布的濕地，如果在此疏通地下水道，就能匯集低地的所有水源，然後再將地下水道引至臺伯河；這麼一來，水道中的積水就可以排除。於是，大地下水道在他的主持下完工。現在，在臺伯河沿岸，我們還可以看見昔日巨大排水口的遺蹟。

排水新生的平地，剛開始被用來作為市場，與各族分別盤據的七丘相比，這裡算是中立地帶。全羅馬只有這裡的地面為了掩蓋地下水道，有鋪設石子；因此，原先的市場便逐漸為公共建設所取代，同時也促成相當於羅馬心臟地帶的羅馬廣場等地的誕生。

帕拉提諾丘與阿凡提諾丘之間的濕地，也利用一樣的方法變成低地，當地一樣被用來作為公共場所，名聞遐邇的大競技場就蓋在這裡。

七丘之間的往來，也因為周邊排水工程的實施而變得容易，於是羅馬人便選擇在七丘中最高的卡匹杜里諾丘上建築神殿，供奉羅馬最高神祇朱比特，諸神也因此開始有了專門的居所。

原先在伊特魯里亞人及南義希臘人的眼中，羅馬是一塊不適合作為都市的地方；然而，在排水工程實施與臺伯河口築港後，它卻變成義大利前所未見的新都市類型。而在民族眾多的羅馬境內，原先大家認為地勢太低、數量太多的七丘，後來卻成為保留各民族特色並加以整合的有利空間。

塔奎尼烏斯所倡導的排水工程，不僅增加可以利用的土地，在打破種族意識、統一羅馬上也可以說是功不可沒。另外，由七丘及臺伯河所構成的羅馬景觀，也從這個時期起開始散發出一種更勝於單調平原的變化之美。

羅馬士兵是當時負責出力執行開發事業的一群，李維斯說：「即使是平常時候，也要讓士兵們保持戰時的活動力。」在往後的羅馬，藉助士兵的力量來協助此類建設工作的例子還有很多，很可能就是發端於這個時期。

然而，即使有想開發工程的人、有實現工程的土地、也有實際執行的人員，如果沒有技術，還是不行的。當時的羅馬人，並沒有足以完成這項浩大工程的技術，所有的技術都是塔奎尼烏斯從他的出身地伊特魯里亞引進的。

諸如排水填築、地下水道工程必備技術、道路鋪設及神殿般大規模的石造建築等技術，全都來自伊特魯里亞。技術指導方面，當然也要由伊特魯里亞人來擔任，因此羅馬一時之間大概增加了不少長髮飄飄的伊特魯里亞人吧！

這期間，羅馬不只引進伊特魯里亞的技術，羅馬人一面聽從伊特魯里亞技師的指揮進行工程，一面模仿學習，這成了他們日後培育世界級技師的基礎。而屬於農耕民族的羅馬人，在看到塔奎尼烏斯引進技術後成功改變都市形貌時，也開始對技術能力產生覺醒。

其實伊特魯里亞人對羅馬的影響，並不僅止於技術層面。

當時的羅馬，非常缺乏可以從事大規模土木工程的材料，只有伊特魯里亞人有能力提供羅馬所需物資。由伊特魯里亞人所帶起的商業、手工業等超越家庭規模的產業，在昔日的羅馬街上格外顯眼。當然，它們也帶動了羅馬的經濟，提升羅馬人的生活水準，使羅馬在各方面，開始具備都市國家該有的平衡結構。

有一天，塔奎尼烏斯王遇見了一位像是奴隸、出身不明的伊特魯里亞少年，不曉得為什麼，他與少年一見如故，於是就決定收養這名少年。

少年長大成年後，展現出來的聰明才智，竟沒有一個羅馬貴族子弟能與他匹敵，於是塔奎尼烏斯就招選這名叫做塞爾維斯的青年為婿。然而，塔奎尼烏斯的這項厚遇，關係著他去世後的王位繼承，因此引起先王安庫斯兩個兒子的不安。塔奎尼烏斯在位三十七年間，深得人民擁戴，元老院對他也有不錯的評價，只要有他的推薦，差不多就代表當選了；萬一塔奎尼烏斯提議將王位交給女婿，那麼他們的希望就泡湯了。於是安庫斯的兩個兒子就決定先下手為強。

他們成功地暗殺了國王塔奎尼烏斯，但卻沒有一個坐上王位。

因為看著塞爾維斯長大的塔奎尼烏斯遺孀，在得知國王被暗殺後，就立刻勸塞爾維斯儘快登上王位。王妃自己本身也有兩個親生兒子，但她卻要女婿接任王位。

於是，塞爾維斯沒有經過公民大會的投票，僅靠著元老院的決議就登上寶座。而這位新國王也的確許諾了羅馬人民一大躍進，證實先王塔奎尼烏斯果然有識人之明。

第六代羅馬王——塞爾維斯・圖利烏斯

塞爾維斯・圖利烏斯繼廣受好評的先王之後，就任為第六任的羅馬王。他即位後，首先考慮完成塔奎尼烏斯先前所留下來的事業；由於濕地填築與朱比特神殿皆已完工，於是他就接手尚未完工的城牆修築工事。

這座城牆在二千五百年後的今天，仍然叫做「塞爾維斯城牆」。城牆的遺蹟分布在羅馬各處，將羅馬七丘全部包圍在裡面，是一個規模浩大的建築工事。

當時的羅馬，有了「塞爾維斯城牆」的保護，再加上軍事上的優異表現，在周邊部族中可

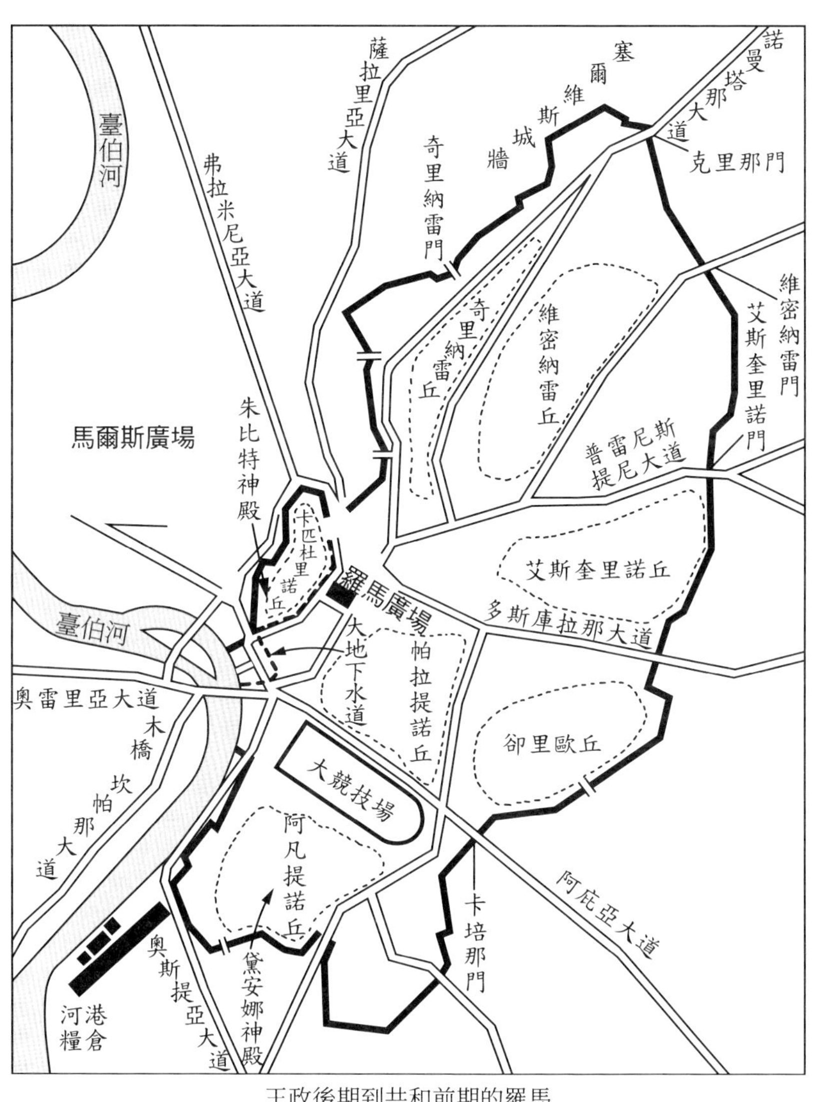

王政後期到共和前期的羅馬

說是一枝獨秀。

塞爾維斯又在阿凡提諾丘上建築一座供奉狩獵女神黛安娜的華麗神殿。黛安娜是周邊畜牧民族的守護神，凡是信仰女神的人，不管是不是羅馬人，都可以到羅馬境內的神殿參拜。由於是前往參拜，所以大家都不會攜帶武器。

既修築「排斥」外人的城牆，又建設「歡迎」他人的神殿，國王塞爾維斯的作法令人玩味。不過，真要說是塞爾維斯最大的成就，應該要算是軍制改革，或說是稅制改革、選舉制度的改革了。

國民的義務是納稅，然後是保護國家。在古代，不只是羅馬，就連希臘也是如此，通常以服兵役代替繳納直接稅。因為服義務，所以有公民的身分；因為是公民，所以有公民權。公民的權利也就是投票權。換句話說，軍制等於稅制，同時也等於選舉制。

塞爾維斯將臺伯河岸邊一片廣大的濕地填平，命名為「馬爾斯廣場」，意思是戰神馬爾斯的廣場。正如在名稱上冠上戰神的名字一樣，這塊平地是作為軍隊的集合地點；不過，同時也兼作公民大會時的投票場地。對於軍制＝稅制＝選舉制的羅馬人來說，這樣的組合一點也不奇怪。

塞爾維斯在改革之初，曾進行羅馬最早的人口普查，他主要想了解羅馬的戰力；但這樣的調查並無助於我們了解當時羅馬的總人口數，只知道塞爾維斯以公民人數及經濟能力的調查結果為根據，來完成新的制度。在這個制度中，羅馬公民並不以貴族或平民做區分，而是根據經濟能力分為六個階級，如下表所示。

單看圖表，或許你會馬上產生幾個疑問：

第一，大家一定會認為，有錢人雖然不多，但要對他們徵召這個數量的兵員並不困難，因為他們可以出錢僱請無產階級的傭兵。

針對這個問題，有兩個解釋。其一，因為羅馬人非常厭惡用錢請人來保衛自己的國家這等事，因此一直到羅馬末期都沒出現過傭兵制。其二，許多羅馬權貴都擁有如後所述的後援會員，因此要提供稅制所定的兵員人數並不困難。

	財　產 單位＝亞西 （327 克的銅）	軍　制 百人隊 （坎特里亞）	票數
第一階級	10 萬以上	騎兵 18 步兵 80	98
第二階級	7 萬 5000 ～ 10 萬	步兵 20	20
第三階級	5 萬～ 7 萬 5000	步兵 20	20
第四階級	2 萬 5000 ～ 5 萬	步兵 20	20
第五階級	1 萬 2500 ～ 2 萬 5000	步兵 30	30
階級外	無產者	步兵 5（預備役） 僅限於國家危急存亡之際，平常時間免除軍務	5
合　計		騎兵 18(1800) 步兵 175 （1 萬 7500）	193

第二個問題是，羅馬投票制的票數未免也太少了。

其實羅馬並不是一人一個投票權，而是以軍隊中最小的組織百人隊為單位，一百人共同擁有一票。在投票前，百人隊內部先要共同討論，一起作出決定後再投出這一票，這樣的投票就好像是小型的區域選舉制。雖然在希臘的雅典早已施行一人一票制了，可是羅馬這時候仍然是百人一票。

也許有人初見這張圖表時就已經發現到，光是第一階級的票數就已經過半。

沒錯，當時在羅馬義務盡得多的人，權利也多。在義務方面，可以免繳直接稅並免除軍務者，只有未滿十六歲的未成年男子、六十歲以上已除役的老人、女人、奴隸以及有小孩沒財產者等無產階級。而沒有小孩的未亡人，由於不必教養小孩，又不用服侍丈夫，所以也須對國家盡義務，每年要繳納二百亞西，作為國家飼養騎兵坐騎之用。

讓人驚訝的是，羅馬在西元前六世紀時，就已經擁有近二萬名的兵力；不過，這是包含預備役在內的數字。所以國王塞爾維斯就取半數，推算出當時二十五歲至四十歲間的主要作戰兵力。當然，指揮官們不在年齡限制之列，像國王自己就是終身的指揮官。

而一樣是步兵，依照階級的不同，裝備也有輕重之別。所謂的重裝步兵，是指第一階級與第二階級的士兵。階級愈低，裝備就愈輕。到了第五階級時，已經沒有特定的軍服，攜帶的武器也僅止於棒棍、石器之類；換句話說，只是盡盡象徵性的義務罷了。由於軍役等於另一種形式的直接稅，所以從軍服到武器，全部要由自己負擔。在本書所取材的五百年中，羅馬僅對無產階級召集過一次，但召集預備役的次數就多得不可數了。

最後，塞爾維斯還確立了戰法。

他將羅馬軍隊三分為前衛、本隊與後衛。這個戰法是先出動前衛，擾亂敵軍陣營；繼而由軍隊主力——重裝步兵，伺機而起一決勝負；萬一情況危急，最後再出動後衛相助；而騎兵則屬機動部隊。

當時大部份的軍隊，都是亂無章法地急衝直撞；然而塞爾維斯的戰法，卻能夠讓軍隊有計畫的依序戰鬥，使羅馬軍隊的威力所向披靡，在對周邊部族的戰鬥中連連告捷。因此，我們可以說出身不明的塞爾維斯治世，是在安定的狀態下結束的。

治績甚多的塞爾維斯，在位期間共達四十四年之久。當然囉！每一個時代總會有不滿份子的存在。

末代帝王——「驕傲的塔奎尼烏斯．敘佩巴斯」

塔奎尼烏斯．普里司庫斯被暗殺後，雖然由他的女婿塞爾維斯繼任王位，但其實他還有子嗣。不過，由於羅馬王位並非世襲，再加上塞爾維斯也很有技巧地提升了治績，所以即使有不滿份子，也無法離間公民對他的支持，因此他執政的四十四年才能安然無事地度過。然而，塞爾維斯的下一代，卻視他安定的作風為膽怯的表現，而且塞爾維斯再也掩藏不了他長期理政後的疲憊與老態了。

塞爾維斯有兩個女兒，分別有著極端不同的個性，一個剛強好勝；另一個則內向老實。而先王塔奎尼烏斯也有兩個孫子，性格一樣差異極大，一個是氣勢勃勃的野心家；另一個則穩健實在。

塞爾維斯將他們四人性格相對者互相配對，讓他們結婚。他將好勝的公主許配給性格沉穩的表兄弟，內向的公主則嫁給較有野心的那一個。塞爾維斯大概是希望以這樣的婚姻配對來調和他們彼此的個性吧！

然而，這樣的冀望終究失敗了。剛強的公主總是看不起她那沉著穩健的丈夫，她經常掛在嘴邊的一句話就是：「嫁給像你這樣懦弱的人，我根本無法幸福得笑出來。」於是她就引誘與自己性格相似的小叔。沒多久之後，個性內向的其他兩人就無緣無故突然暴斃。因此，個性剛強的特莉亞和塔奎尼烏斯兩人又恢復了單身，進而結婚。

國王對這樁婚事，並沒有表示什麼意見，可能是因為善良的女兒死去，他的心情大受打擊的關係吧！

羅馬國王是終身制，只要活著就可以一直穩坐王位，但並不世襲。雖然塞爾維斯是當時的國王，但公主卻不一定是下一任王妃。

於是特莉亞便開始煽動她的丈夫塔尼奎烏斯，李維斯引述她所說的話如下：

「如果你是我想像中的男人，我一定會認你這個丈夫，而且當你是男子漢一樣地敬重你；如果你不是的話，那我的命運可就悲慘了。為什麼不豁出去算了呢？又不是要你在科林斯或塔奎尼亞這樣的外國地方行動，有什麼好怕的？如果你拿不定主意的話，那我們乾脆到科林斯或塔奎尼亞去，繼續過以前的生活算了。」

塔奎尼烏斯心中最原始的那把火終於被點燃了，他首先開始拉攏住在羅馬的伊特魯里亞人。這一群人是他的祖父，也就是第五任國王塔奎尼烏斯．普里司庫斯招徠到羅馬來的，一直居住在羅馬。而他更進一步成功地拉攏新興階級的元老院議員，他們是因為羅馬的開發事業及工商業而富有起來的一群。

塔奎尼烏斯帶著一批武裝的男子到元老院發表演說，他表示讓一個身分不明的人當國王是羅馬的恥辱，議員們雖然不贊同他的看法，卻也沒將他趕出去。

當塞爾維斯聽到這件事時，立刻趕到元老院。但塔奎尼烏斯絲毫不給他講話的餘地，一把就將他的身子橫舉而起，帶到外面，然後從元老院門口的臺階上狠狠地將他摔摜到地上。塞爾維斯帶著滿腹的屈辱回到王宮，誰知塔奎尼烏斯的人早已持劍埋伏等著他，但是他仍沒死；接著他的女兒特莉亞竟又駕著馬車，朝奄奄一息的父親輾去。最後，塔奎尼烏斯當了國王，特莉亞也變成王妃。

就任為第七任羅馬王的塔奎尼烏斯，下令禁止為前任國王塞爾維斯舉行葬禮，並且格殺所有先王派的元老院議員。由於他每次出門，身邊一定有武裝護衛隨身護航，而且他的即位也沒有經過公民大會投票及元老院的認同，往後更一直沒有聽取元老院的建言及尊重公民大會的否決權；因此，羅馬公民私底下都叫他「驕傲的塔奎尼烏斯」。

不過，這位在國內專制獨裁的霸君「驕傲的塔奎尼烏斯」，倒是頗有軍事長才，經常在部族戰爭中，為羅馬贏得勝利；不過他所使用打勝仗的和戰兩用戰術，雖然堪稱高明，卻是十分陰險。

由於他對國內情勢一直心懷不安，於是極力想要確定對外關係、找尋同志。他的第一人選是鄰近的拉丁部族，其次則是伊特魯里亞的各個城市。

在一百年前，第四任羅馬王安庫斯時代，羅馬人就已經與鄰近的拉丁人互結同盟；由於他們擁有相同的語言與信仰，因此要建立深厚的關係並不困難。

當時羅馬人與拉丁人是因為一起慶祝祝祭日，才互相結為「拉丁同盟」；不久之後，他們就經常一起結盟發起戰爭。剛開始時，這樣的結盟關係是完全對等的，等到羅馬漸漸強大後，他們之間的權力關係也跟著起了變化。戰爭時，同盟各國出的兵力雖然一樣多，但是指揮官卻必須由羅馬人擔任；至於戰利品方面，倒仍維持公平分配。塔奎尼烏斯一心想改革「拉丁同盟」，他想拉攏當時勢力遠勝過拉丁人的伊特魯里亞人加入同盟，不過卻有不少羅馬人認為，這根本不是拉攏，而是「被拉攏」。

事實上，西元前六世紀後半，羅馬境內的伊特魯里亞人勢力已經比以前強大多了；從第五任國王起，到第六任、第七任，連續三人都是伊特魯里亞裔的羅馬國王。甚至有後世的研究學者認為，這個時期的羅馬是由伊特魯里亞人所統治的。

儘管羅馬境內的伊特魯里亞勢力如此強盛，但羅馬境外的伊特魯里亞卻在此時開始衰退。「驕傲的塔奎尼烏斯」更是不幸，竟然無視於這樣的變化，還硬要與這個衰退中的國家結盟。

發展快速的民族，衰退得也快。伊特魯里亞人曾經盛極一時，甚至遠將勢力擴張到拿坡里一帶，結果不到一百年就已面臨衰退的命運。

而要毀掉一個人，不必與他正面衝突，只要抓住他的把柄就夠了。也許整個事件與他一點關係也沒有，但這絕對是最有效的辦法。

塔奎尼烏斯有個年輕的兒子，名叫塞克斯都。他愛上了親族柯拉迪努斯的妻子盧克蕾蒂亞。某天夜裡，慾火焚身的塞克斯都趁著柯拉迪努斯不在的時候單獨到他家去。由於彼此有親族關係，因此柯拉迪努斯一家人與盧克蕾蒂亞全都對他盛情款待，並在用畢晚餐後帶他到客房休息。

到了夜深人靜大家都入睡時，塞克斯都便在懷裡藏了一把短劍，偷偷地潛入盧克蕾蒂亞的房間，亮出短劍順利地占有了盧克蕾蒂亞。但在這種情況下，他卻犯了一項天大的錯誤，就是把盧克蕾蒂亞丟在床上，自顧自地溜走。

當晚，盧克蕾蒂亞寫了一封信，要部下送去給在羅馬的父親與出征到阿爾卡迪亞的丈夫，信中說道：發生事情了，趕快帶著親信回來。她的父親盧克雷提烏斯知道後，帶著班雷利烏斯匆匆趕到，而她的丈夫柯拉迪努斯也帶著朱利斯・布魯圖斯趕回來。

這時盧克蕾蒂亞依舊坐在床上悲嘆著，等她對四人說明事情經過後，突然取出預藏的短劍，朝自己胸口刺去，並在痛苦氣絕之際，要在場的男人發誓為她報仇，然後才死去。

盧克蕾蒂亞的遺體被運到羅馬，放置在羅馬廣場的演說臺上。面對這樣的悲劇，人們紛紛交相譴責國王與皇室一家的野蠻與傲慢。布魯圖斯在眾人面前發表演說，表示絕不容許貞潔的女性再度犧牲在如此野蠻的行為下；他的演說同時也讓人回憶起，國王塔奎尼烏斯就是殺死先王塞爾維斯的篡位者。布魯圖斯還提議，將國王與他的家人趕出羅馬。

至此，羅馬人對塔奎尼烏斯長期壓抑的不滿終於爆發。他們不僅對布魯圖斯的提議歡聲雷動地表示贊成，而且也支持布魯圖斯集結號召公民兵。

事發當時，塔奎尼烏斯身處阿爾卡迪亞戰場；在得知事變後，馬上率領手下的士兵返回羅馬；但羅馬城門緊閉，他被放逐了。於是，他只好帶著隨從兵去投靠伊特魯里亞的凱雷市；而王妃特莉亞也安然地逃離羅馬；三個兒子中的兩個則一起跟隨塔奎尼烏斯逃亡；至於肇事者塞克斯都，在逃亡到別的城市之後，被以前的仇家殺了。

「驕傲的塔奎尼烏斯」治世總共維持了二十五年。隨著他這個第七代羅馬王政權的結束，羅馬的王政時代也隨即進入尾聲。王政時代是從西元前七五三年羅慕路斯建國開始，經過二百四十四年，到西元前五〇九年結束；從此以後，羅馬開始進入共和時代。也就是從昔日由公民大會推選出來任期終身的國王統治，變成由兩位任期縮短為一年的執政官共同執政的時代，不過這兩位執政官仍須由公民大會推選。

如果我們只因王政羅馬是由國王一人獨裁統治，就為王政時代斷下否定的評價，是無法正確掌握歷史的。國家建立之初，實行中央集權本來就會比較有效率；因為組織尚未成熟時，隨意耗費活力會造成致命傷，因此如果由一人帶頭決定或實行，事情就容易多了。

回顧羅馬七王的歷史，我們可以用適時、適才、適所來形容，羅馬就是因為有這幾位國王的努力，才能夠日益茁壯。

值得慶幸的是，每一任國王的壽命都相當長，從事業計畫、實行到展現成果的過程中，他們都一直穩坐王位。因此，到了王位交替時，新王便能以先王的成就為基礎安心地開拓新事業，同時也可以避免中斷所造成的資源浪費。

羅馬的王政在西元前六世紀末宣告結束，「盧克蕾蒂亞事件」無疑是導致王政倒臺的致命一擊。

第二章

羅馬的共和政權

進入羅馬共和時代

史學家李維斯在《羅馬史II》，講述羅馬進入共和時代的歷史時，一開始是這麼說的：

「我接下來要談的，應該是得到自由的羅馬人在太平時期與戰時是如何生活。因為，羅馬即將成為由每年選出來的人所治理的，受法律而非受個人統治的國家。」

盧奇烏斯·朱利斯·布魯圖斯可以說是巧妙地利用私人醜聞，打倒王政的最大功勞者。他也是日後持續五百年之久的羅馬共和政權創始者。

布魯圖斯在放逐國王之後，緊接著在羅馬廣場集合所有公民，要大家宣誓：「今後不管是誰都不能自立為王，而且不能侵犯羅馬公民的自由。」隨後，又創設雙執政官制度，每年由公民大會改選，取代國王成為全國最高權位者。第一屆選出的執政官就是布魯圖斯，以及自殺身亡的盧克蕾蒂亞丈夫柯拉迪努斯。

盧奇烏斯·朱利斯·布魯圖斯偶爾會出現在歷史中，是一個知見與行動力兼備的人物。他的母親是被放逐的塔奎尼烏斯王的妹妹，所以他與塔奎尼烏斯有甥舅關係。而布魯圖斯是他的一個綽號，意思是傻瓜，並不是他原先的真實姓名。據說是他在塔奎尼烏斯專橫的時代，刻意裝瘋賣傻，被人們稱做「傻瓜」，當時得來的綽號，沒想到最後竟然變成他的姓。

不過，傻瓜歸傻瓜，畢竟還是國王的外甥。所以想當然爾地，一定不乏各種就近冷靜觀察的機會，情報想必也非常豐富。以他的資質，必定早已覺察此時的羅馬，已經是時候可以捨棄有效率，但無法避免國王個人意志專擅的制度。改革的主導者，往往不是來自於新勢力，而是舊勢力。

其實羅馬設置兩位執政官的主要目的，就是為了防止國王一人獨裁專斷，任期雖然縮短為一年，但是可以連選連任。而為了要讓這種制度能有效地運作，羅馬必須有一個深具權威及權力的機關存在，於是布魯圖斯便開始強化王政時代所傳下來的元老院。

羅慕路斯時代的元老院議員是一百人，到了第五任國王塔奎尼烏斯．普里司庫斯的時候，倍增為二百人，之後又增加到三百人。這些新任議員的背景，大多是新興勢力中的家族長老。元老院議員的任期終身，也只有權貴長老聚集的元老院，才有辦法提供每年陸續更換的執政官人選，由此可見元老院的威權及權力之大。

最後，共和政權還有一個機關，就是舉凡具有羅馬公民權者皆可參加的公民大會。

王政時代以來，羅馬一直是由國王、元老院與公民大會三者共同運作；如今只是將國王改由執政官取代，昔日的三權制衡仍舊維持不變。

由於共和時代布魯圖斯的改革增加許多新議員，所以演說者在元老院演說時就有了新的稱呼慣例，演說者不說「元老院議員諸君」，而改稱「各位父老及新任議員諸君」，這種稱呼法從西元前五〇九年共和政權開始時就已經出現。

不過，這種將舊議員及新任議員分開來的稱呼用法，一看就知道有無可補救的弊端，實在不是一個好方法。

首先，「父老」這個名詞就已經區分出舊勢力了；而新勢力方面，只要繼續沿用「新任議員諸君」這個詞，就表示永遠都會有「新議員」的存在。

事實上，不要被「元老院」三個字的字面意思給誘導了。當時羅馬的元老院裡並不全都是一群頑固的老頭，因此演說者在面對各年齡層的議員時，就出現了「各位父老及新任議員諸君」這樣的稱呼法；如此一來，元老院之門雖廣為新科議員而開，但事實上，新議員的力量卻因此被削弱了。當然，這樣的想法只是未經歷史證實的一種推斷罷了，但也由此可知，言詞影響之大實不容小覷。

不管怎麼說，從運作了二百五十年的王政轉變為共和政治也算是一個大變革。在變革時，所有的事情都會相繼發生變動，變革也就是因為如此才叫做變革。誕生於西元前五〇九年的羅馬共和國，同樣也有許多的變動。

共和後，羅馬的權貴子弟開始對長老所擁有的好處感到不滿。當時非元老院議員的長老可以有機會被任命，而且也有可能出任執政官；但權貴子弟如果想入主元老院，則須等家族長老去世才行，這與王政時代的規定相差太多了。從前的任命全憑國王個人主意，誰都可能被拔擢；但變成共和政體後，年輕人的活躍機會相對地大為減少。

於是這群年輕人祕密地在一個伙伴家中集合，決定要把被放逐的前國王塔奎尼烏斯找回來，共謀王政復辟，並各自以鮮血簽署誓約書。但這件事卻不巧被屋裡的一個奴隸聽見了，於是他跑去向執政官告密。

參加陰謀者立刻全部被逮捕，誓約書也被當作證物扣押。然而，當時負責審問的兩位執政官卻也受到相當大的打擊，因為這群年輕人全都是他們認識的人，被拿來作為祕密會場的地方，還是執政官柯拉迪努斯的親戚家；更嚴重的是，執政官布魯圖斯的兩個兒子，也赫然出現在這群共謀王政復辟的年輕人之中。

這群年輕人所署名的誓約書，在隨後召開的公民大會上被公開宣讀，因此他們完全無法反駁這項叛國舉發。民眾默默地看著一切進行，當中有幾個人或許是基於替布魯圖斯著想的立場，提議將這批年輕人驅逐出境。而另一位執政官柯拉迪努斯臉上的淚水，也讓眾人以為，或許他們真的不會被處死，因為只要有一位執政官反對，判決就無法生效。

然而此時，布魯圖斯毅然決然地放下執政官的身分，改以羅馬家族長老的立場行動，這個身分一樣有權決定他兒子的生死。

布魯圖斯對著被告席上的兩個兒子說：

「提特烏斯、提班利烏斯，你們做這樣的事，是不是不想活了？」

兩個年輕人默不作聲，他們的父親反覆問了三次，他們還是沒有回答。布魯圖斯轉身向警士說：

「之後的事就交給你們了。」

於是立刻當場執行刑法。布魯圖斯的兩個兒子被以首謀之罪定名，他們被剝掉衣裳，雙手反綁在後接受鞭笞，景象的殘酷，令所有在場者皆不忍卒睹，只有布魯圖斯一人直視不諱。警士將兩個年輕人打到不支倒地後，才分別將他們拖出去，以斧頭斬首示眾，而全程在場觀看的父親，這才退席離去。

在眾人對布魯圖斯的果決表示高度讚賞之餘，相對的，卻也對另一位執政官柯拉迪努斯的行為感到懷疑，公民們對他在審判席上所掉的淚感到相當質疑。柯拉迪努斯本人也注意到了大家不一樣的眼神，因守貞自殺的妻子盧克蕾蒂亞而獲選為執政官的他，無法忍受眾人這樣的改變，於是便辭去執政官一職，帶著他的家人流亡到鄰國。在羅馬有條不成文法，主動流亡無罪。至於他所留下來的執政官空缺，就另外推選出與先王塔奎尼烏斯沒有血緣關係的有力者華雷利烏斯接任。

布魯圖斯看似殘酷的行為，其實並不是為了要彰顯為人父老的權限，而是他一直擔心著一件事。終於，他所擔心的事情發生了。

前任國王塔奎尼烏斯對王位復辟之事仍不死心，他積極在流亡地伊特魯里亞地方巡訪，試圖說服伊特魯里亞的各都市出借兵員。在伊特魯里亞的各都市中，地理位置最靠近羅馬的就是塔奎尼亞與威伊二城，它們強烈不滿羅馬肅清伊特魯里亞勢力，因此答應出兵援助被放逐的羅馬國王復辟。至於塔奎尼烏斯的軍事才能，早在他還在位時就已經證明了。

塔奎尼烏斯在得知權貴子弟的王政復辟運動失敗後，深深覺得如果要奪回王位，只有靠力氣之爭了，於是他便率軍南下。而迎戰的羅馬軍，則由兩名執政官指揮，騎兵隊的將領是布魯圖斯，步兵團的指揮則是新任的執政官華雷利烏斯。

兩軍交會的地方距羅馬城有一日之遠，由於地處林間，平地又小，因此能見度不佳。由布魯圖斯率領的騎兵隊在前開路，而華雷利烏斯的行軍步兵則稍微落後。

當指揮伊特魯里亞騎兵隊的塔奎尼烏斯長子亞倫特斯看到羅馬騎兵隊後，立刻驅馬向前，提議由指揮官乘騎一對一單挑，布魯圖斯接受了這個提議，於是驅馬向前。

這場戰爭同時也是一場表兄弟之戰。兩人的內心之中沒有作戰這回事，只有憤怒與絕望。亞倫特斯對放逐自己一家的罪魁禍首感到憤怒；而布魯圖斯則是對公私不分的傢伙失望透頂。

這場將領之間的激戰，在觀戰的兩軍士兵面前持續了許久，雙方勢均力敵，難分軒輊。然而，差不多在同一時間，兩人的長槍同時深入地穿透對方的胸部，雙方維持被刺的姿勢，一動也不動地從馬背上摔落。

這突來的局勢，催化了兩軍之間的戰意，引燃戰火。士兵們已顧不得將領的遺體，與敵軍對上。這場激戰不只在騎兵隊中殺開，還擴及到隨後趕至的步兵團，由華雷利烏斯所指揮的羅馬步兵與前任國王塔奎尼烏斯帶領的伊特魯里亞步兵勢力相當。

戰鬥一直持續到太陽下山，雙方暫時休兵回到各自的陣營。當晚，兩軍營地傳出一項奇怪的風聲，說羅馬最後會獲勝，而伊特魯里亞軍則會比羅馬軍多戰死一人。所有士兵都相信這就是神的預警。

第二天一早，當羅馬軍隊回到戰場，卻不見伊特魯里亞軍的蹤影。於是，華雷利烏斯便帶著布魯圖斯的遺體凱旋歸國。

羅馬為布魯圖斯舉行國葬，全國的女子都要如同為自己的父親服喪一般為他服喪一年。

身為一個領導者，往往很難避免別人的妒忌、猜疑和中傷，華雷利烏斯當然也不例外。羅馬人在為共和創始者布魯圖斯難過哀悼之際，眼淚都還沒乾呢，就已經開始將懷疑的目光投向另一個還活著的執政官華雷利烏斯。

第一個原因是，他們很不欣賞華雷利烏斯乘駕四匹白馬的凱旋式。雖然勝戰歸來的凱旋式是從羅慕路斯時代就流傳下來的，但華雷利烏斯是第一個把拉曳將軍座車的四匹馬全改成白馬的人。他是因為夠富有才做這樣豪華的凱旋式；但公民們可不這麼想，他們認為這是一種個人王者權威的表現。

第二個原因是，公民們覺得他那間座落於山丘上，可以鳥瞰羅馬廣場的豪華別墅，看起來像國王的城堡。

最後是，布魯圖斯死後所空缺下來的執政官一職，華雷利烏斯並沒有立刻找人遞補。因為這幾件事，人們開始謠傳華雷利烏斯不滿於執政官的職位，想要伺機稱王。

華雷利烏斯知道這樣的傳言之後，立刻僱請大批工人，連夜摧毀自己的別墅。隨後，他在羅馬城牆附近找了一塊便宜的土地，重新蓋一間樸素的住家，而且大門隨時開放，任何人都可以自由進出，想要藉此讓人們直接了解他的生活狀況。

不僅如此，他還陸續制定了幾條頗獲好評的法律。

其中一條是，王政時期歸國王管理的國庫，以後改由財務官管理。雖然執政官貴為政治與軍事的最高權力者，但仍不得干預國家財政，而這條法律也深獲公民一致的喝采。

另一條是，針對司法官所下的判決，凡擁有羅馬公民權者，皆有權向公民大會提出控訴。這條以人權為重的法律，後來成為羅馬非常重要的法律概念。

然而，華雷利烏斯所制定的法律，卻稍嫌有投合世人之虞。

舉條法律為例：「若有圖謀王位者，其生命財產便歸神所有。」也就是說，如果有證據可以證明，你所殺的是圖謀王位者，就可以無罪。華雷利烏斯的這條法律，實在是太草率了，在這種情況下，到哪兒去找所謂的客觀證據呢?因此不能說它沒有利用「懷疑」來當證據的危險性。而這條法律，在日後也仍舊一直束縛著羅馬人。

在這些法律一一制定之後，華雷利烏斯召開公民大會，選出另一名執政官，當選者是當初為守貞而自殺的盧克蕾蒂亞的父親，然而他年事已高，當選後沒多久就去世了;職缺立刻由霍拉提烏斯遞補，但已沒有時間讓他做事了，因為執政官的選舉，通常是兩人一起選，中間如果有補選，任期仍以原當選人的時間為準。

總之，這一年中所制定的幾條法律，讓立法者華雷利烏斯的人氣大大地攀升。羅馬人因此給他取了一個綽號叫「普布立克拉」，意思是重視公共利益的人。次年，也就是西元前五〇八年，普布立克拉再度獲選為執政官，而他的另一名伙伴霍拉提烏斯則沒有當選，改由提圖斯·路克雷提烏斯接任。

事實證明，普布立克拉的民心懷柔政策，在當時似乎是必要的。因為共和之後，羅馬內部衍生出許多王政時期所沒有的危機，羅馬人如果無法團結一致，新生的共和體制勢必會被摧毀。

當初最先面臨的危機是，一路向前的國力轉為低落。

連續三位伊特魯里亞裔國王，個個都在羅馬進行大規模的開發事業，並且發展工商業，因此為國王提供技術及經濟力的伊特魯里亞人，在羅馬的地位也大為提升。甚至有學者認為，羅馬王政會轉向共和，其實是以農牧為生的羅馬原住民對獨占工商業的伊裔羅馬人的反抗。

伊裔國王塔奎尼烏斯的放逐事件，當然也會使伊裔羅馬人的立場產生微妙的變化。而布魯圖斯在元老院中迎請百名出身新興階級的人出任議員，不知是否是一個留人的計策；也許他想藉此昭示，國王之所以會被放逐，完全是由於他們一家蠻橫專斷的關係，絕不是有意要排擠羅馬的伊特魯里亞人。然而，這個策略只能說是功敗參半。

對無法像元老院議員般有權有勢的伊特魯里亞人而言，成天只知道與伊特魯里亞各都市打仗的羅馬居心叵測，因此一向是人民從他國流入的羅馬，此時便開始面臨人民外流他地的情況；尤其是擁有技術與經濟力的伊特魯里亞人，他們的外流更是大大地影響到羅馬的國力，所以這個時期羅馬的大規模建設事業可說是完全停擺。

第二個危機是，隨著羅馬國力的低下，連帶地對鄰近部族的威信也跟著下降。

連與羅馬有「拉丁同盟」軍事關係而且同語言、同信仰的鄰近諸部族，都不想要與國力下降、政體丕變的羅馬繼續同盟。以往盟軍出動時，都是由羅馬國王擔任軍隊的指揮官，後來盟軍雖然同意改由執政官接替，但心裡多少還是有疙瘩，因為國王竟然必須受任期只有短短一年的執政官指揮，再且羅馬也已非昔日的一枝獨秀了。

由於「拉丁同盟」只是弱肉強食時代下的產物，所以後來新生的共和羅馬反而被同盟諸國等敵軍包夾。再加上羅馬國力的萎縮，對打仗已沒有十分的把握，因此羅馬幾乎每年都得與鄰近諸國不斷地作戰。

政體移轉所產生的第三個危機是，伊特魯里亞已經完全變成敵對的陣營。當時伊特魯里亞諸都市的國力，都不是衰退中的羅馬所能相提並論的，光從兩軍上戰場時所穿的軍裝就可以看得出來。伊特魯里亞的戰士們競相穿著華美的軍裝；相對的，羅馬士兵的軍裝材料就只有銅和皮革。

除了國力以外，還有一個不利於與伊特魯里亞對決的因素，就是塔奎尼烏斯在伊特魯里亞方面獲得了重返王位的正當性。只有羅馬人覺得塔奎尼烏斯是暴君，在伊特魯里亞諸國的眼裡，他卻是個受信賴的同盟者，於是這更加助長了被流放的塔奎尼烏斯奪回王位的意志。

西元前五〇九年到前五〇三年的六年間，華雷利烏斯．普布立克拉共當選了四次執政官，而提圖斯．路克雷提烏斯則做了兩任，其餘都只做一任。因此這期間所決定的政策，幾乎全出自普布立克拉之手。

當時的羅馬還沒有流通貨幣，都是以鹽作為他國產物進口時的交換物資，普布立克拉為了恢復伊特魯里亞人外流所造成的經濟衰退，於是想將奧斯提亞的販鹽業從個人轉移到國家手中。不過，普布立克拉又考慮到，與其將鹽這項首要生活必需品國有化，那倒不如通貨國有化；無論如何，確保國庫收入才是先決要件。

然而，就這麼做的話，作為進口代幣的鹽就會漲價，而一直賴鹽為生的商人們通商意願將會大大地受到影響，那還談什麼恢復經濟力呢？於是，普布立克拉便減輕對商人所課的間接稅。如此一來，連非商人者也紛紛加入從商的陣營了，這不僅補足了減課間接稅的損失，而且也讓流失伊特魯里亞人的羅馬擺脫了退化回農牧國家的危險，羅馬更因此開始有了屬於自己的產業技術。當然，最後這群備受禮遇的新興中產階級也會大力地支持共和政府。

同時，普布立克拉還積極地招徠他國移民。在羅馬的鄰近部族中也有許多人主張，同屬拉丁民族的各部族應該和平共處，不要做沒有意義的爭鬥。這群人在他們自己的國家也是相當有權勢的，於是普布立克拉就力邀他們移民羅馬。而對移民的召喚給予回應的人當中，最著名的例子就是整個部族五千多人全都移民羅馬的克勞狄斯家族，普布立克拉給予他們全體羅馬公民權及居住的地方，並提供元老院議席給他們的家族長老阿庇尤斯。這個例子充分顯示：即使昨日還是移民，今日一樣可以加入領導階級的行列，這對於促進鄰近部族的移入相當有幫助。普布立克拉的移民招徠策略，不僅彌補了伊特魯里亞人外流所造成的損失，同時也削弱了鄰近拉丁民族的力量。

但是「驕傲的塔奎尼烏斯」為了奪回王位，什麼事都做得出來，甚至連下跪都肯，因此伊特魯里亞仍是一個勁敵。

塔奎尼烏斯在率領伊特魯里亞的塔奎尼亞與威伊兩城的援軍出征失利後，就逃到伊特魯里亞鄰邦丘吉的國王身邊。丘吉的國王波森那為了讓塔奎尼烏斯復位，就向羅馬宣戰，這次不只是提供援軍而已，而是國王親自領軍出戰。

在羅馬大家都知道波森那，他不只是有名的君主，同時也是才能兼備的武將。陷入驚恐的羅馬人中，甚至有人願意為此回歸王政。波森那的軍隊一舉南下，很快就占領了臺伯河西岸的強尼克羅要塞，並以此作為大本營。

起先戰場圍繞著臺伯河上的橋梁，伊特魯里亞希望保住這座橋，羅馬則想要毀掉它。最後羅馬獲勝，橋梁也付之一炬。

波森那改變作戰方式，放棄攻擊陣式，改採包圍戰，並徵收所有船隻。伊特魯里亞士兵便搭乘這些船隻渡過臺伯河，沿著環繞七丘的羅馬城牆布陣。此時臺伯河的通行自由也已落入伊特魯里亞軍手中，從南部溯河運來的小麥，一粒也到不了羅馬。

執政官普布立克拉考慮要分散敵軍的戰力。於是找了一個牧羊人假扮自羅馬突圍而出的人，帶著牛、羊群從距臺伯河最遠的艾斯奎里諾門跑出去。這項消息很快地就在伊特魯里亞士兵間傳開了，他們紛紛棄陣去追趕牛、羊群，連在臺伯河西岸嚴陣以待的士兵，也坐船渡河加入這場掠奪。

普布立克拉得知敵軍的動作之後，下令各部隊的將軍，依照預先的作戰計畫行事——一個人在東邊的艾斯奎里諾門出擊，另一人從北邊的克里那門進擊；執政官路克雷提烏斯帶士兵從南邊的耐維埃門進攻，而普布立克拉自己則從東南邊的卡培那門出擊。

伊特魯里亞士兵在奮不顧身地追逐家畜之後，突然發現後面有人，於是立刻逃跑，反而從主動的追逐者變成被追的人了。當天的混亂，使波森那蒙受莫大的損失。

但羅馬被包圍的情況仍未解除，小麥還是進不來。這時羅馬有一名叫做姆提烏斯的青年，為了救羅馬一心想殺波森那，但他害怕斷然行動會被誤以為是逃兵，所以先行到元老院向兩位執政官及元老院議員報備。姆提烏斯隨身只帶了一把短劍，便游水渡過臺伯河西岸。

他成功地入侵敵軍陣營，也很順利地潛至國王身邊，當時波森那正在發士兵的薪餉。但姆提烏斯並沒有看過波森那本人，在場者除了普通士兵以外，全都穿著會讓羅馬人錯認為是國王的高貴服飾，所以他根本搞不清楚發薪餉的人群中，哪個才是他要殺的人。後來他覺得有個正在發餉的人應該就是波森那，便拔出短劍向他刺去。很遺憾地，暗殺沒有成功，那個人並不是國王波森那，而是他的祕書。

姆提烏斯被當時在場的人抓到國王面前，他毫無懼色地挺著胸膛說：

「我是羅馬的公民，叫做姆提烏斯。雖然殺敵不成，但我早有赴死的心理準備了，接受命運也是羅馬人的特質呀！

羅馬的年輕人將會不斷地向你宣戰，但不是上戰場。我死了之後，還會有人來完成任務，那個人如果不幸失敗了，還會再有人；總之，這場決鬥會在我們與你之間一直繼續下去的。國王你最好也先有個心理準備吧！」

憤怒的波森那一直想拷問出他的來歷，但年輕人卻大聲地說：

「大概只有懦弱的人才會疼惜皮肉吧！」

說完，年輕人用左手抓起燃燒中的火把，用力將它壓在自己的右手上，人肉燒焦的臭味頓時瀰漫全屋子。波森那見狀，就對年輕人說：

「夠了，你對你自己的傷害，已經超過你對我所做的了，我很欣賞你的膽量，真希望我的子民中也能有像你這樣的漢子。我決定無條件放你回去，你快走吧！」

葛尤斯·姆提烏斯從這件事之後，便被冠上「左撇子姆提烏斯」這個綽號，因為他燒爛的右手再也不能使用了。

相信這則小故事，一定會讓羅馬時代的孩子們聽得眼睛發亮，當時他們該讀的歷史還不多，所以有許多時間可以沉浸在英雄傳說之中。然而二千年後的我們，該唸的歷史資料大量增加，終究我們也只能索然無味地死背歷史。

言歸正傳，這個事件之後，波森那向羅馬提出和議的要求。

對於伊特魯里亞方面所提出的兩個條件，普布立克拉一個接受一個拒絕。他拒絕讓塔奎尼烏斯復位；但是他允諾將前幾年在戰爭中獲得的威伊領土歸還伊特魯里亞。波森那同意以這樣的協議達成和平，於是伊特魯里亞軍便從臺伯河西岸撤離，返回丘吉。塔奎尼烏斯也知道，重返王位的美夢又再度離他遠去了。

然而，這並不代表羅馬與伊特魯里亞已達成完全和平，與波森那之間的和平協議只不過是讓羅馬能稍微喘口氣的暫時休戰罷了。

西元前五〇三年，羅馬實行共和政治後的第六年，普布立克拉逝世。華雷利烏斯家當時已沒有財產了，羅馬人為了不再增加他們經濟上的負擔，於是由大家湊集喪葬費用，為普布立克拉舉行葬禮；而全國的女子也與布魯圖斯去世的時候一樣，必須為他服喪一年。

羅馬的共和政體是布魯圖斯播的種，普布立克拉扎的根，自此以後，沒有一個羅馬人希望恢復王政。

派遣至希臘的視察團

到此所敘述的羅馬歷史，地點一直環繞在羅馬周邊，即使將範圍放寬一點，也只到伊特魯里亞，而且不出與羅馬國境交接的南伊特魯里亞。對當時的羅馬人而言，很早就在南義大利繁榮的希臘殖民都市群，恐怕是偶爾才會從到訪的商人口中聽到的名詞。因為當時的羅馬與南義大利之間，還隔有一片廣大的土地及許多的民族。

共和初期的時間從西元前六世紀末跨越到前五世紀前半，當時羅馬所涵蓋的範圍，不超過臺伯河周圍到河口之間的狹長地帶。

雖然當時的國境劃分線不像今日這般明顯，無法做確切的比較，但粗略可知南義的希臘殖民都市塔蘭托及敘拉古的勢力圈，起碼比當時的羅馬大上三到五倍；雅典是十倍；迦太基則可能更甚於上面所說的各個城市。西元前五世紀中葉，距羅慕路斯開國已有三百年了，然而羅馬的勢力卻僅是如此。

雖說羅馬當時還只是一個必須放大地圖才能看得清領域的小小都市國家，但它已準備與地中海先進國希臘城邦接觸，此次接觸並非透過南義希臘殖民地，而是直接到希臘本土與它的城邦，尤其是雅典和斯巴達接觸。

西元前五世紀中葉，王政轉變為共和所導致的各種問題已暫時獲得解決，一刻不得停歇的周邊民族保衛戰也暫時告一段落，於是羅馬人便開始制定成文法。

從前的羅馬法都是不成文法，通曉者僅限於領導階級，於是不滿的民眾便要求法律成文化，法律一旦文字化後，任何人都能讀得懂。而民眾權利的獲得，往往就是從要求法律成文化開始。

以元老院為大本營的羅馬領導階級，最初堅決反對，因為從相當於貴族政治的共和成立以後，到這時還不到半世紀，貴族的氣焰仍然高張，而且以他們為第一線守護的羅馬共和國尚且安泰無事。

而羅馬民眾也握有一項利器，就是拒絕應徵入伍。羅馬每年的春秋之際正值戰爭的時期，這段期間，雅努斯神殿的大門根本無暇關閉，如果在這個「戰忙」時期遇到「罷兵」的話可就傷腦筋了。因此，元老院只好答應為羅馬制定成文法，並派遣視察團到先進的法治國家希臘考察，這三名由元老院議員擔任的視察團團員，均曾擔任政府要職並且出身羅馬權貴家族。

這三個羅馬人在希臘視察了一年。義大利和希臘之間的距離，以當時的船速來看，航期不會超過一個月，但史料上並沒有明確記載他們出發和歸國的日期，不過據推測他們應該在希臘待了整整一年。雖然歷史學家李維斯對視察團的目的地只記載了雅典一處，但他們會在狹小的希臘境內待這麼久，一定是又從雅典翻山越嶺去造訪相距好幾天路程的斯巴達。雅典國內雖有聞名的梭倫改革，但斯巴達也有立柯革斯改革。

關於根據視察團的報告所作成的「十二銅表法」，將於後面再詳敘。在此暫停編年式的記述，我想以雅典與斯巴達為主，介紹羅馬一直到西元前五世紀中葉才開始接觸的希臘。因為羅馬歷史中充滿希臘元素，要講羅馬就不能不提希臘。

那麼，我們就來看看比羅馬更早發跡的希臘人，到羅馬派遣視察團前去的西元前五世紀中葉為止是如何一路走來的。

希臘文明

西元前二〇〇〇年前後的希臘文明，起源自非希臘本土的克里特島，原因可能是因為克里特島比希臘本土更接近當時文明先進的埃及吧！新的文明為什麼會衍生自周圍呢？歷史學家傑奇迪德斯就克里特文明的起源說明如下：

「米諾斯國王創設的船隊維持了克里特島周邊海域的安全，怎麼說呢？因為米諾斯國王利用船隊征服了克里特島周邊的島嶼，連帶著也成功地掃除了以這些島嶼為根據地的海盜，克里特人因此不再受到海盜的掠奪之苦，財富不斷累積，甚至富有到可以買石屋了。」

西元前一七〇〇年到前一五〇〇年之間是克里特文明最興盛的時期，到了西元前一三五〇年左右，稱霸愛琴海的克里特文明突然急速衰退。首都克挪蘇斯遭到破壞，到底是大地震或希臘本土的侵襲所致，並不清楚，只知道這變成了優雅繁華的克里特文明的晚鐘；而往後的克里特史，也只是跟著希臘本土的歷史在走。不過，藉由十九世紀的考古學家阿薩．亞邦茲的發掘，我們仍然可以在現在的克里特島上看出昔日繁華的遺蹟。

周邊的文明一旦被捲入中心，新的周邊文明就會繼之而起。希臘南部伯羅奔尼撒半島上的邁錫尼一帶，就成為後來的希臘文明新主，歷史上稱為邁錫尼文明。

邁錫尼似乎是一個軍人統治的國體，統治者如：亞各斯國王亞格曼儂、斯巴達國王麥尼勞斯、特薩里亞國王阿奇里斯、伊達卡國王奧德修斯等，都曾在荷馬的敘事詩《伊里亞德》與《奧德賽》中出現，對後世的我們而言並不陌生。而住在這裡的人通稱為亞該亞人，西元前一二五〇年前後，他們還引發了歷經十年才結束的特洛伊戰爭。根據詩人荷馬的史詩記載，這場戰爭之所以發生，完全是為了要奪回被特洛伊王子帕里斯誘拐而去的斯巴達王妃海倫。整個事件以第一美女海倫為主角，又有希臘諸神分別出來替特洛伊及希臘聲援，因此荷馬的作品能夠被喻為世界最偉大的文學名著之一，的確是當之無愧。如果要尋求接近史實真相的原因，則應該說是尚武的希臘人為了搶奪特洛伊人的財富才會發動戰爭。

然而，攻陷特洛伊後大奏凱歌的邁錫尼文明，卻在半世紀後，也就是西元前一二〇〇年滅亡，有位喜愛研究歷史的人這麼說道：

「因為他們有整整十年的時間，遠離家園投入遠方的特洛伊戰場，期間國內秩序大亂，國力也大為衰退，因此很快就被外來民族征服。」

這個說法，雖不中也不遠了。十年的特洛伊之戰結束後，帶著堆積如山的戰利品凱旋歸國的希臘軍總司令亞格曼儂，竟被王妃以及她的愛人殺死在浴室中。詩人荷馬認為勝方會遭遇到這種慘事，是因為他們激怒了聲援特洛伊的諸神，所以受到懲罰。不管怎麼說，消滅邁錫尼文明的是由北方南下希臘的多利安民族。

經由修利曼的考古挖掘，證明邁錫尼文明與小亞細亞西部的特洛伊一樣確實存在，而非荷馬敘事詩中所虛構出來的。邁錫尼文明在西元前一二〇〇年消失，文明的主人翁不是被殺就是淪為奴隸，被徹徹底底地消滅。多利安人猛烈的破壞，使得希臘在往後的四百年間，完全趨於沉寂。西元前一二〇〇年到前八〇〇年的這段沉寂黑暗期，希臘史上稱為「希臘中世時期」，是指介於全然沉靜與活動力旺盛的兩個時代之間的中間時期。

而所謂的「中世」，一般將它分為兩期。前半段可以說是療傷止痛的安靜期，而後半段則是恢復期。以種子為喻，進入恢復期後，雖然還沒開始萌芽，但其實已經向土裡扎根了。在希臘史上，英勇的荷馬英雄手中所持的都是青銅武器，而野蠻的多利安人拿的卻已經是鐵器。

一直到西元前八〇〇年左右，希臘人才脫離中世時期。而多利安人建設的斯巴達與躲過多利安侵襲的亞該亞人所建的雅典，則成為城邦的代表。在城邦誕生的同時，希臘的海外殖民活動也是隨著希臘再生而形成的另一個現象。

殖民活動的出現，是因為人口增加，國內無法負荷過多的人口所致。希臘除了特薩里亞外沒有豐富的耕地可言，照理說在農耕與畜牧之外，如果不發展生產性高的工商業，恐怕無法養活國內眾多的人口，但是後來的希臘人卻沒有成為工商業民族。

這個時期，希臘的雅典、斯巴達、科林斯、底比斯等都市國家，好不容易才剛剛形成，他們都是各自分立的城邦式小國，由於土地狹小，導致紛爭不斷。直到西元前七七六年，第一次奧林匹亞運動會開辦，他們才四年一度休戰，換上愉快的心情齊集在奧林匹亞參加體育競賽，其他時間他們可以說都在打仗。而這些剛誕生的城邦，國力都差不多，即使打勝仗也無法擴大領土；於是在自己國內無法獲得生活資源的人群起發動政爭，但政爭最後以失敗收尾，他們不得已只好「雄飛海外」。這個時期的希臘殖民活動與城邦的形成有互為表裡的關係，因此並不限於希臘的某個特定地方，而是一次全希臘的大規模移民。

希臘人的移民活動，分兩期進行。

第一次殖民活動發生在西元前九世紀末到前八世紀初，殖民地全部集中在小亞細亞西岸。愛琴海本意為「多島之海」，海面上散布著許多小島，當時的希臘人，很自然地順著這些島嶼渡過愛琴海，到對岸的小亞細亞建城。小亞細亞西岸一帶指的就是愛奧尼亞。繼克里特、邁錫尼等希臘文明之後，愛奧尼亞比雅典更早結出文明的果實，據傳哲學之祖泰利斯、史學之父希羅多德、醫學鼻祖希波克拉底及荷馬等人都是出身於愛奧尼亞。而成為第一次希臘殖民舞臺的愛奧尼亞，由於地緣上靠近近東，因此比希臘本土更早致富。當時想要致富只有通商一途，通商會與異文明接觸並且帶來觀念上的刺激，如果運用財富將這些刺激轉化成其他的建設，將對發展十分有利。

希臘人的第二次殖民活動則發生在西元前八世紀中葉左右，與第一次相隔約半世紀。這次

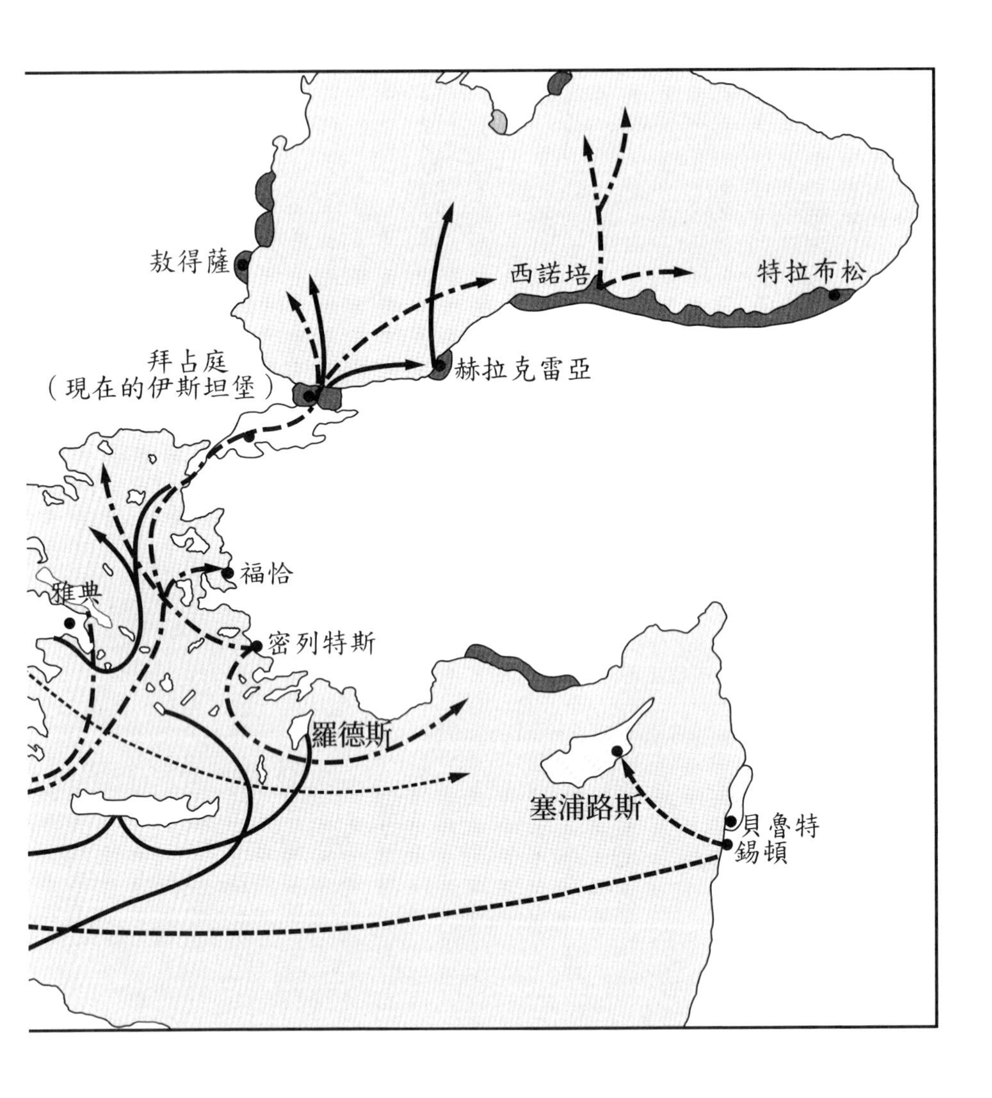
敖得薩
西諾培
特拉布松
拜占庭
（現在的伊斯坦堡）
赫拉克雷亞
福恰
雅典
密列特斯
羅德斯
塞浦路斯
貝魯特
錫頓

馬賽
尼斯
科西嘉
薩丁尼亞
羅馬
庫馬
拿坡里
艾斯奇亞
塔蘭托
庫洛得
巴勒摩
雷其歐
卡塔尼亞
塞里努提
亞格里珍特
敘拉古
迦太基
科林斯
斯巴達
德利亞裔希臘人
愛奧尼亞裔希臘人
亞該亞裔希臘人
腓尼基人迦太基人勢力範圍

希臘人第二次移民活動

的殖民範圍，並不限於愛琴海海域，已經擴及到整個地中海。而且不只希臘本土的都市向外殖民，連第一次殖民的舞臺愛奧尼亞諸城市也都在殖民之列。因此殖民活動不再只是爭取生活資源未果後不得已的外移，更可以說是希臘人原始積極進取性格的展現。事實上，第二次殖民活動的地點，大多是原本就沒有住人或原住民勢力較弱的地方，因此不由得讓人聯想起現代的冒險活動。

本土希臘人入殖最盛的區域是義大利南部，不過他們也在以馬賽為中心的法國南部及西班牙東岸一帶建設都市；至於愛奧尼亞的希臘人，則選擇距離較近的塞浦路斯島到黑海一帶作為殖民地。第一次殖民活動時，愛琴海可以說已經變成希臘人之海了；到了第二次殖民活動之後，希臘人的世界更擴及到整個地中海海域。當時能夠在海上與他們互相抗衡的，只有腓尼基移民所建設的迦太基了。

希臘人的第一次與第二次殖民活動，似乎都在短期間內以波浪式節節進擊，這不由得讓我們注意到兩件事：

首先最引人注目的是第二次殖民時的廣大活動舞臺。雖然當時腓尼基人也有海外殖民，影響力甚至遠達西班牙，並且建設了迦太基城，但終究無法如希臘般將殖民活動擴及到整個地中海區域。

荷馬在敘事詩《奧德賽》中，以發明木馬之計戰勝特洛伊的功勞者奧德修斯為主角，描述他往後十年間的漂流故事。他的漂流路程，從地中海東邊的特洛伊一直延續到西邊的直布羅陀，涵蓋了整個地中海區域；他的登陸地點，有許多都在西元前八世紀中葉第二次移民地的附近。

荷馬在另一部敘事詩《伊里亞德》中所提及的地方，也因為修利曼的發掘，證實非詩人幻想下的產物；至於奧德修斯在荷馬《奧德賽》中登陸的地點，也有許多人正在研究它們現今的位置。由此可知《奧德賽》並不是單純的荒唐無

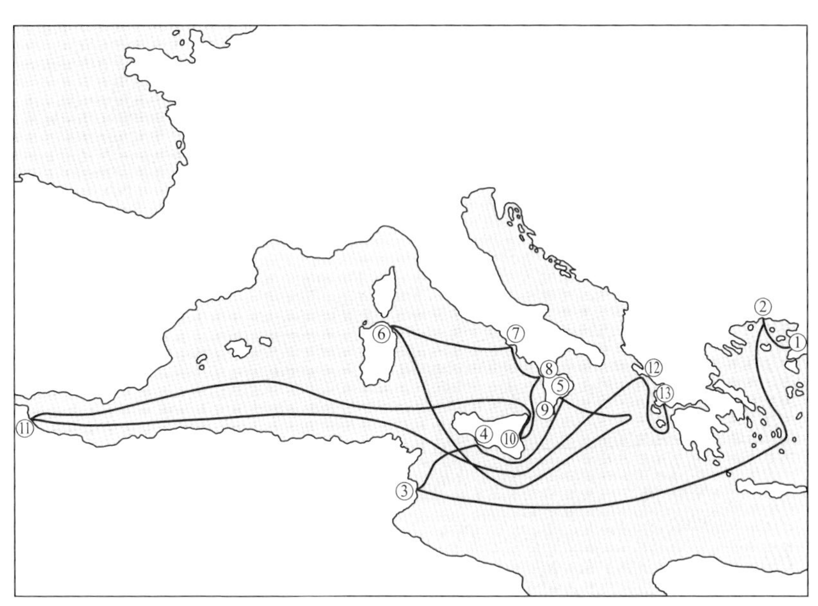

①特洛伊　②芝哥尼　③吃荷花的人居住地　④獨眼巨人的居住地　⑤風神居住之島　⑥食人族的居住地　⑦美女琪兒凱的居住地　⑧美聲海妖的居住地　⑨會變成海怪的仙女岩　⑩太陽之島　⑪美女加莉普索的居住地　⑫派伊克斯人之島　⑬伊達卡之島（奧德修斯的祖國）

根據荷馬史詩《奧德賽》所畫的奧德修斯漂流路程

稽之說，書中的地方對當時的希臘人來說也並非全然未知；所以希臘人的視界，很可能在西元前八世紀時就已經拓展到整個地中海區域了。

如此強烈的海外雄心，不僅是希臘人的特徵，同時也是好奇、冒險、獨立三種性格的綜合表現。這樣的性格，使他們在面對母國與殖民地的關係時，和羅馬人的作法完全不同，這也是希臘殖民活動中第二件值得我們注意的事。

舉例來說，拿坡里與附近號稱義大利最早的希臘殖民地庫馬，都是雅典移民所建設的都市，「拿坡里」就是希臘語的「新城邦」，但在拿坡里卻一點也看不出有古雅典或愛奧尼亞的影子，它的發展幾乎完全脫離母國的影響。

塔蘭托位於長靴形的義大利半島南端，位置正好在鞋跟與鞋底的交接處，現在以地中海軍港及義大利最大的煉鐵場所在地而聞名。此地其實也是從西元前八世紀中葉斯巴達人所建的殖民都市發展而來，它一樣無法讓人聯想到古代的斯巴達。

位於西西里島東部的敘拉古，今日是一座以古蹟及每年所上演的古典劇而聞名的城市。古時候，它是地中海地區名氣響亮並且極為重要的少數都市之一，柏拉圖經常造訪此地，阿基米得也在這裡出生。敘拉古也是希臘的殖民都市，是勢力僅次於雅典與斯巴達的科林斯移民所建，但它與科林斯之間的關係依然十分薄弱。

上述三個希臘殖民都市的共通點，就是與母國之間的關係都很淡薄。拿坡里的發展一點也沒受到雅典的影響；塔蘭托的政體及生活模式也與斯巴達截然不同；至於繁榮遠勝母國的敘拉古，它與雅典之間的關係比科林斯還密切，密切到最後的結果還發生戰爭。

希臘人以殖民形式在海外擴張，他們從母國帶出來的只有希臘語言、希臘宗教及一份對獨立進取的執著，這種母國與殖民地之間的關係，也顯現出希臘與羅馬極端不同的特質。羅馬如後所述正好與希臘相反，反而積極地去營造密切及有利的實質關係。

西元前八世紀，不僅是希臘人雄飛海外的世紀，同時也是希臘城邦快速發展的時代，而最能展現希臘人活力的城邦，就是這個時候形成的，以雅典與斯巴達為典型代表。

雅典

以雅典為首都的阿提卡，面積達二千六百平方公里，耕地雖然不多，但是在岩地遍布的希臘，還算是不錯，雅典附近還有一座面海的天然良港叫做皮留斯。傳說這裡的建國者是擊敗克里特島暴君米諾斯的泰休斯，多利安人入侵希臘時，當地人躲過了他們的控制，所以似乎還保存了相當純正的亞該亞血統。雅典建國初期也與各國一樣實行王政體制。

西元前八世紀左右，雅典政權轉移到貴族身上。國家由貴族出身的九個人共同指揮，任期一年，負責行政、軍事以及祭典等事務；另外還有一個由貴族所組成的長老會議，負責輔佐當政的九人。除此之外，他們也有一個由公民組成的公民大會，但這個組織幾乎沒有發言權。

到了西元前七世紀，貴族政權已經不適用於當時的雅典。因為除了以土地為後盾的貴族階級以外，另有一批在工商業上投注心力的新興階級開始崛起；這群屬於自由公民的新興階級，對自己擁有經濟能力卻被排除在國政之外的情形感到相當不滿。另外，自耕農所持有的耕地根本無法與貴族大片的土地相比，甚至經常債臺高築，因此他們也聯合起來反抗貴族。

這群號為「抗爭者」的人民，在西元前六二〇年左右，獲得初次的勝利，並將法律成文化。然而，法律雖然成文化了，但卻不具司法效力，貴族階級仍舊像不成文法時代一樣為所欲為，無視於它的存在。這樣的法律修正自然無法消解「抗爭者」心中的不平，於是，梭倫便出現了。他在西元前五九四年，開始進行所謂的「梭倫改革」，迫使構成既定統治階層的貴族認同他具有實行改革的公權力。

梭倫本身並不是正在抬頭的工商階層出身，也不是債臺高築的小地主，他來自於握有大片土地、同時操縱著雅典政治的名門貴族，是個頗有先見之明的人。

梭倫首先擬定可以幫助自耕農擺脫鉅額欠債之苦的政策，並將政策法治化，農民的負債因而大幅減輕。他還廢除了「無法清償債務者必須成為債主奴隸」這條舊規；在古代社會，用身體來抵償無法還清的債務是很正常的事，而梭倫竟然廢了這個傳統，這種尊重人權的實例，在古代社會中還是首次出現。

梭倫本身也是一個穩健且講求自由的人。「平民派」的激進份子，曾經要求他先將所有的私有土地沒收充公，然後再重新平均分配，但他斷然拒絕這樣的提議。他寫下了如下的心聲：

「我給公民們適當的名譽。我不會讓人剝奪他們的權利，也不會任意增添新的條款。」

梭倫改革中，最重要的就是政治改革。他先進行人口調查，再以調查的結果為根據，依照調查顯示的不動產多寡來決定權利的比例。因此，參與國政的權利不再受出身階級的限制。

「王政」是指一人專政的政治制度；「貴族政治」則是指由少數被推選出來的人共同掌權的政治；而梭倫所創、依據財產多寡決定權利比例的政治制度則被稱做「金權政治」。有很多研究學者都使用「金權政治」這個譯法，但難免讓人與用金錢買票的金權政治產生混淆，因此我譯作「財產政治」。

我想一定有許多人無法認同這種以收入決定權利的制度，但比起只有貴族才有參政權的「貴族政治」而言，這種「財產政治」在當時已算是相當進步的政體。先天的血統無論如何是改變不了的，然而財產卻操之在才能與運氣上，轉變空間很大；而且古時候，不，應該說是法國革命以前，平等的理念還只存在少數人之間，能有這種以農業收益的多少決定權利比例的想法已不簡單，至今仍有許多以工商業致富的人，繼續以投資土地等不動產來保值。

梭倫的財產政治，依財產多寡將雅典全體公民分為四個階級。按照收入多寡依序為第一階級、第二階級與第三階級，無產的公民則屬於第四階級。

首先在義務方面，第一、第二階級的公民，必須自備軍用品及軍裝服騎兵役；第三階級的公民須服重裝步兵役，雖然他們也要自備軍裝及軍用品，但經濟負擔比自備馬匹的第一、第二階級輕；而重裝步兵是古代的軍隊主力，因此第三階級的兵役人數恐怕也是最多的；至於第四階級的公民則有當輕裝步兵或艦隊隊員的義務。

其次，在權利方面，第一與第二階級可以擔任政府要職；第三階級則可擔任行政官僚；第四階級有選舉權，但沒有被選舉權。

「梭倫改革」帶領雅典領先地中海世界各國，擺脫貴族政治朝向城邦制的民主都市國家邁進，雅典也因此跨出發展的第一步。

然而，從改革中獲得勢力的人，終究會掀起另一波改革，這是任何改革都躲不過的宿命，「梭倫改革」也一樣。

雅典雖然擁有天然良港皮留斯，但雅典人第一次殖民活動的移居地愛奧尼亞，卻因通商而比雅典更早繁榮，雅典因此受到很大的刺激。再者，「梭倫改革」讓有錢的非貴族百姓也有機會擔任政府要職，但他所謂的財力只限定在農業收入上，而雅典人這時早已改變對財力的看法，並隨著通商的興盛將從前投資在土地上的資產，轉投到商業與海運事業上，從中獲得的報酬比投資貧瘠的希臘土地好得多了。

開始經營動產業的公民會不滿以不動產為基礎的政體，其實是早晚會發生的問題。有很長的一段時間，因為沒人敢反抗梭倫的個人權威，因此都盡量避免將問題檯面化；但就在梭倫引退公職生活後沒多久，群眾的不滿情緒便爆發了。

由於當時雅典沒有人能夠整頓這種混亂的局面，因此整個權力階層架空，呈現一片無政府狀態。

雅典的政治變遷雖然讓我們得以在政治教科書中見識所有政體，但這回雅典也與希臘其他城邦一樣，在無政府狀態的最後，出現了獨裁政治。

雅典人對於當時無政府狀態的混亂與沒有結果的政爭已經感到疲憊至極，極度希望回復秩序，但他們本身並沒有能力重整，因此只好將這樣的冀望全部託付在一個人身上，這個無政府終結者就是皮西斯特拉妥。

皮西斯特拉妥與梭倫一樣出身名門貴族，但他的勢力基礎卻不是來自於與自己身分相同的貴族，而是號稱民主派的新興階級。由於新興階級的組成是一群工商業者，他們非常了解政治安定對經濟發展的重要性，因此對經濟脈動的敏感度比擁有土地的既成勢力更高。

西元前五六一年，皮西斯特拉妥開始最初的獨裁政治，但沒多久之後，他就被反對勢力所組的統一戰線放逐。然而十五年後，也就是西元前五四六年，他記取前次失敗的教訓，以武力成功回到雅典，從那一年一直到他去世的二十年間，皮西斯特拉妥繼續以獨裁領導雅典。

我們可以藉著教科書來了解政體的演變，但卻不可以用它來評斷各政體的好壞；就如皮西斯特拉妥獨裁的二十年間，不僅為雅典帶來了和平與秩序，同時也為雅典創造出空前繁榮的經濟。

經由考古學調查證明，這個時期阿提卡的精美陶器，已經取代從前在地中海陶器市場上獨占鰲頭的科林斯、薩摩斯、密列特斯以及羅德斯的陶器，以紅繪和黑繪壺聞名的阿提卡陶器，可以說獨占了整個地中海高級陶器市場。

而獨裁者皮西斯特拉妥所採取的對外政策，也配合著雅典的「經濟時代」而行。他將雅典的軍事主力放在海軍，一心想獲得能夠確保愛琴海制海權的幾個地區及島嶼。於是，薩拉米斯島與迪拉斯島再度被雅典收服，希臘的勢力圈擴展到愛琴海諸島及愛奧尼亞地方；至於其他無法征服的希臘城邦、利底亞王國及波斯帝國，雅典則努力與他們建立友好關係。而且，為了彌補第二次殖民時代時不夠積極所造成的疏漏，皮西斯特拉妥還在海列斯龐特建造中繼站，以藉此振興與黑海周邊國家的通商關係。國內方面，他也致力於工礦業的振興。

但獨裁政治深受主事者的才能與性格的影響。雅典公民雖然認可皮西斯特拉妥的才能，並且聽從他的獨裁，但皮西斯特拉妥去世後，他的兒子們接任獨裁，卻無法為雅典人民所接受。西元前五一〇年，以斯巴達為後援的貴族終於起來推翻雅典的獨裁政治。

無論是打倒獨裁政權的貴族，或是做他們後盾的斯巴達，都一心想讓獨裁倒臺後的雅典恢復貴族政治，然而，雅典的現狀其實並不適合貴族政治。

皮西斯特拉妥獨裁二十年所帶來的和平與秩序，讓從事工商業的雅典公民經濟力大為提升，也使得雅典的經濟中心很明顯地從土地移轉到工商業上，在這種情況下，如果要讓握有土地的貴族再度上臺，可說是完全無視於現實。因此克利斯提尼這次的改革並不只是要恢復梭倫改革，套句亞里斯多德的名言，他還要「讓政體朝更民主的方向改革」。

克利斯提尼的改革，首先從行政改革著手。

阿提卡是都市國家雅典的領土，當地大致劃分為三個區域，第一區包括首都雅典與皮留斯海港，第二區是整個海岸地帶，第三區是內陸。每個大範圍中分為十個小區域，小區域內依人口密度再劃分為「區」，阿提卡全境共有一百五十到一百七十個「區」，而這個「區」就是雅典城邦公共生活的基礎。

有了這個行政改革以後，雅典公民的正式姓名就變成自己的名字、父親的名字與所屬「區」名三者的結合，例如：蘇格拉底就會變成阿羅培凱區蘇普洛尼可斯的兒子蘇格拉底，而從前用來顯示家系及宗族的姓至此完全消失，這也就是克利斯提尼的改革被視為「民主」的原因。

另外還有一個原因是，克利斯提尼的行政改革將雅典劃分成好幾個行政區，這麼一來也把貴族階級一向依賴的土地分割得零零散散，貴族權力因而崩壞。克利斯提尼純粹依行政所需而劃分國土的這項改革，在歷史上也算是首開先例。

克利斯提尼也實行政治改革。梭倫的改革叫做「財產政治」，而克利斯提尼的改革因為是以「抗爭者」（民眾）為主體，因此稱做「民主政治」。都市國家雅典，終於在西元前六世紀未確立了如前面所述的民主政體。

克利斯提尼的政治改革，首先強化公民大會的權限，凡是年滿二十歲的雅典公民全都有出席公民大會的權利，而且與羅馬公民大會不同的是，雅典公民一人有一票。公民大會是國家最高機關，每年必須固定集會數次，戰爭、媾和、結盟與選舉政府官員等，全都須由公民大會決議。

另外，克利斯提尼也保留了梭倫改革時的四階級制度，但階級劃分依據已非梭倫時代的農業收入，而改成不分職別的收入。因此，更加強化了工商業階層在政治上的權力。

克利斯提尼還創設了與後來的省議會相類似的組織，這個機關叫做五百人會議，由各區抽選出來的三十歲以上的公民所組成；由於是抽選，因此人選與出身、財產、才能都無關。這個總共由五百人構成的機關，負責實際政務，會議的議長也是從每個月召開好幾次的會議中抽選出來的。

克利斯提尼另外又將梭倫時代原本一共九人，任期一年的政府官員，增加為十個人，並且取了個名稱叫做「策略團」，後來成了“Strategy”這個字的由來。這個相當於「國家政戰指揮官」頭銜的官職，每年由公民大會選出，也就是雅典的內閣。

克利斯提尼的最後一項改革，就是創立陶片流放制。這是一種自淨制度，人民可以將希望流放的人名寫在陶片上，然後投票表決，目的顯然是要防止獨裁政治，只要每年公民大會有過半數的人（另有一說，票數超過六千塊陶片），認為某人的權威及權力威脅到雅典的民主，這人便要被流放到外國十年。

不過這種流放制度，並沒有玷污公民名譽的意思，一般人都認為即使被陶片流放也沒什麼好可恥的；流放期間，既不會喪失公民應有的諸多權利，財產也不會被沒收，只是十年流放期一定要住在外國，期滿後仍舊可以回到雅典，甚至擔任執政官。總之，制定陶片流放制度，是為了要讓威脅到雅典民主政治的人物以及他的追隨者去鋒頭，至於流放期長達十年之久，則可能是要讓他們有充分的時間可以冷靜頭腦吧！

雅典在這個時期，誕生了有史以來第一個連普通公民都可以直接參與國政的政體，由於每個公民都可以直接行使權利，因此後世稱之為「直接民主政治」。對各國而言，雅典民主政治的規模及重要性，至今仍無人能出其右。

當時雅典的有權者，也就是成年男性公民，據說有三到四萬人，但其中有許多人因居所遠離首都，或通商、出國辦事而無法出席公民大會，所以平常出席公民大會的人數，大約只有一萬人左右。

雖然出席人數只有一萬人，卻有不少問題。我們可以想像，希臘人特別旺盛的獨立意識加上喜好議論的性格，往往使議事的進行變得困難；再且一萬人當中，並不是每人都具有判斷國政的水準，關於這點，一直到二千五百年後的今天仍然無解，再深入探討大概也一樣不會有什麼結果吧！所以輕鬆一下來看則故事。陶片流放制度是這個時期希臘人繼民主主義之後所想出來的另一個有名的制度，以下就是一則有關陶片流放小插曲。

故事發生在陶片流放制度制定尚未滿二十年的時候。雅典政界要人亞里斯底德斯，在定期舉行的陶片流放投票會場，遇見一名男子，這個男子或許是從偏遠地方來的，竟然不認識亞里斯底德斯，他向亞里斯底德斯遞出陶片說：

「不好意思啊！我不識字，麻煩在上面幫我寫亞里斯底德斯的名字好嗎？」

亞里斯底德斯一聽，便問他亞里斯底德斯有哪裡不好。男子搖搖頭答：

「我連他的長相都沒看過呢！只是到處都稱讚他是個大人物、是個有正義感的人，我聽都聽煩了。」

亞里斯底德斯聽完後，什麼話也沒說，默默地在男子遞出的陶片上寫下自己的名字，然後遞還給他。那一年，亞里斯底德斯就被雅典流放。

但是不到三年，他就因為波斯軍入侵而被召回。歸國後的亞里斯底德斯，協助總司令官塞密斯托克立茲帶領雅典出戰，並在波希戰爭中獲得勝利。據悉波希戰爭的首要功勞者塞密斯托克立茲，在不久之後也被列入陶片流放的黑名單之中。不過到了西元前四一七年，陶片流放制度終於被廢止，大概是雅典人已經從太多假造出來的叛國事件中覺醒了吧！

在雅典，即使是無知的公民，也可以擁有完整的權利；但沒有雅典國籍的人，卻完全無法獲得參政權，這類住在雅典卻不屬於雅典公民的人，指的是外國人和奴隸。當時的雅典，有許多外國人基於工作或其他理由居留下來，他們大多是希臘人，說希臘話、信希臘宗教、擁有希臘人的性格，與雅典人完全無異，只是他們出身於其他城邦而已。本來雅典規定，只要父母其中一人是雅典公民，就可以擁有公民權；後來到了伯里克里斯時代，卻變得更加封閉，一定要雙親都是在雅典出生者才能擁有公民權。

在希臘世界，這種現象並不只出現在雅典；實際上，希臘的城邦社會是超乎想像的封閉。只要是外國人，不管他想在雅典待多久、甚至在雅典出生、想在雅典老死，通往公民權之路都是封閉的。這種限制與雅典在經濟、文化上的「自由化」比起來顯得很不可思議，但當政者或許就是為了給全體公民平等的權利才會如此設限吧！

難怪蘇格拉底說，那怕祖國的法是惡法也要遵從，面對死刑他不會逃；而同樣是哲學家的亞里斯多德卻主張，不想殉法就要趕快逃。為何他們在想法上會有這樣的差異呢？因為對身為雅典公民的蘇格拉底而言，雅典是他的祖國；但對於非雅典出身的亞里斯多德來說，雅典與他沒有這層關係，因此於情於理他都沒有必要殉身於雅典的法律。

在這一點上，羅馬與希臘的作法截然不同，希臘的普魯塔克就針對羅馬寫道：「同化敗者是羅馬強盛的主因，但希臘卻做不到。」話雖如此，即使是現代，繳了與當地公民一樣多的稅金之後，不僅被選舉權連選舉權都不給的國家還是不少。

希臘與羅馬的不同，還可以從他們對待奴隸的作風上看得出來。希臘的奴隸終究難逃以奴隸的身分終其一生的命運；相反的，在羅馬有所謂的奴隸解放制度，只要存夠了錢就可以買回自由，感覺好像是長年工作之後所得到的退休金，雖然解放後獲得自由的奴隸仍被叫做解放奴隸，但他的後代子孫已經可以獲得與羅馬自由公民同等的公民權，有關這個制度的種種於後再詳述。

都市國家雅典，確立了人類史上第一個民主政權，當這個政體堂堂地要邁入西元前五世紀時，另一個城邦代表斯巴達，又是以何種政治體制在運作呢？政治體制已不單只是政治上的問題了，選擇什麼樣的政體，其實也正代表著選擇了什麼樣的生活方式。

斯巴達

希臘的所有城邦國家幾乎都跟隨雅典採用民主政體，唯有斯巴達例外，獨自走向另一個政治體制。斯巴達的地理位置與臨海的雅典不同，它位於伯羅奔尼撒半島的中央，必須越過一座又一座的高山，才能到達斯巴達所在的內陸。而斯巴達建國之初的居民組成與雅典也有很大的差異。

多利安民族在西元前一二〇〇年左右，南下征服了當地的原住民，並且建立斯巴達。這批多利安族的征服者，並沒有與斯巴達的原住民同化，他們將自己與原住民清清楚楚地劃分開來，分成統治者與被統治者兩個階層，這種作法其他城邦根本不曾有過。而斯巴達的劃分依據是依民族而分，與權力並沒有太大關係。

最上層的階級是征服者的子孫，也就是建立這個階級制度的「斯巴達人」。「斯巴達人」指的是為數僅約一萬人的自由公民以及他們的家人。這些血統純正的「斯巴達人」都聚集在市中心，他們唯一的工作就是從事軍務，同時還獨享參與國政的特權。

第二階級是從事工商業的「臣民」，他們不是多利安人，也不是斯巴達的原住民，有可能是出身其他地方，跟隨多利安人到斯巴達定居的希臘人。雖然臣民也算自由公民的一份子，但卻沒有公民權，因此無法參與國政與選舉；不過他們仍然要服兵役。其實古代國家普遍認為，要向人民課徵軍務就必須賦予公民權，但斯巴達卻沒這麼做，原因很可能是他們覺得臣民只是小小的兵卒，因此權利當然不能與擔任軍官的斯巴達人比擬。

在斯巴達的階級制度中，最下層的是農奴。

他們在多利安人來襲以前就住在斯巴達。他們雖然是青銅器文明的主角，但自從被使用鐵器的多利安人征服後，就一直屬於農奴的身分。他們的權利除了結婚以外，其他如參政權、私有財產權、裁判權等公民應有的權利一概沒有，不過他們也免除了服兵役的義務，唯一的工作就是到斯巴達公民所有的農場勞動。

斯巴達人、臣民與農奴之間的人口比例為一：七：十六，這個人口比例決定了斯巴達的一切。

斯巴達人讓被統治階級從事農工商業，而他們自己則從事專職軍務。這樣的職能分配，可能是為數僅占二十四分之一的斯巴達人，基於方便統治的理由所想出來的辦法吧！被統治階級中尤以農奴最為不穩定，而一向以軍事聞名的斯巴達，後來之所以會成為軍事國家，就是為了制服國內的人民。

斯巴達人的成年男子中，可能從事軍務的年齡在二十到六十歲之間，總人數通常是數千人，很少達到一萬人次。由此可見，斯巴達所高喊的精銳主義，只不過是迫於現實的考量罷了。

斯巴達人雖然擁有完全公民權，但必須等到三十歲才有出席公民大會及行使投票的權利。斯巴達的行政機構，除了由三十歲以上的斯巴達人所構成的公民大會外，還有一個長老會議，由公民大會選出二十八位六十歲以上的長老組成，任期終身；由於兩位國王額外各占一席，因此長老會議的成員總共有三十人。

斯巴達有兩位國王，他們是軍事與政治上的最高權力者，出身於斯巴達的兩大家族，這兩位國王並不是交替上任，而是共同世襲主政。一個國王主政的政體叫做「王政」，由兩個君主共同領導的政體則叫做「二頭政治」。

當全希臘的城邦都已經認同雅典所確立的民主政治時，唯獨斯巴達仍舊保持這個政體；到了西元前七世紀後半，立柯革斯的改革甚至讓斯巴達的政體更加穩固，斯巴達式的特質也顯得更加激進化。

在梭倫的改革決定了雅典政體特質的同時，立柯革斯的改革也讓斯巴達的政體走向另一個完全不同的方向。

其實改革是一件很嚴肅的事情，如果失敗了，整個民族的命脈必將就此斷送；成功的話，新的決定與政策也會影響到民族的未來，因此改革實在是一件輕率不得的事。

立柯革斯的改革，讓斯巴達人的日常生活，變得比以前更加軍事至上。斯巴達的小孩一出生必須立刻接受長老的測試，嬰兒能否健康長大成人全憑這個階段的判斷，一旦長老覺得這個嬰兒不夠健康，便將他棄捨為奴隸。

而長老們覺得能夠培育成健勇戰士的孩子，則可以讓父母帶回身邊養育到六歲，但是孩子一到七歲，就必須馬上離開父母加入寄宿生活。孩子們一面與年齡層相近的少年們共同生活，一面接受戰士教育課程，其中鍛鍊身體當然是最主要的課程內容。相信在每四年舉辦一次的奧林匹亞運動會上，斯巴達絕對是金牌及桂冠的大贏家。

斯巴達人從二十歲開始服兵役，一直到六十歲才能解除軍務。他們在三十歲以前仍有過團體生活的義務，在這段期間內即使已經結婚，仍必須每晚回營舍報到。

而少年所寄住的宿舍及戰士的軍營並沒有特定的建築物，他們一律住在帳篷裡，國家希望藉此惡劣的環境來培養他們的耐力。在斯巴達，公民要到三十歲以後才算成年，也唯有成年的公民才有權帶著妻小一起住在貨真價實的房子裡共享天倫。

斯巴達的男女除了參政及兵役外，完全平等。為了培養健康的體格及生出健康的小孩，斯巴達的女子與男子一樣有控制日常飲食的義務，她們必須嚴格控制體重，禁止甜食、酒精及美食，而且還與男子一樣接受體育訓練，訓練的結果會在經常性的運動會中做檢定，成績愈優秀者結婚的條件愈好。如果當初奧林匹亞運動會也開放讓女生參加，斯巴達的女子想必也會有不凡的成績！

此外，在體育訓練或運動會時，女子也與男子一樣裸體進行，可能是立柯革斯覺得愈是遮掩，愈會讓人有非分之想吧！在斯巴達，性生活被當作是一種培育壯碩戰士的手段，因此單身的人常會遭人白眼，至於丈夫不幸戰死沙場又生過小孩的寡婦，國家則會鼓勵她們再婚。總而言之，斯巴達女子的義務就是多生健康小孩以及努力編織。

除了男生在少年時期所學的基本讀寫外，內容高尚的讀物及高級的議論在斯巴達都是不受歡迎的。義大利至今仍稱寡默的人為「拉科尼克」，這個名詞就是源自於斯巴達的所在地「拉科尼亞」，翻譯過來有「斯巴達式」的意思。古代的斯巴達社會非常看不起多話的人，集會發言也首重簡潔。

而斯巴達戰士一旦沉迷於讀書，勢必會產生諸多疑問與費心思考，這些正是他們的社會所不認同的。例如蘇格拉底就很喜歡抓住廣場上的行人與人議論，非得辯到對方承認自己無知才肯罷休，像他這種人到斯巴達，恐怕在收到學生以前就已經被掃地出門了。總之，對斯巴達人而言，勇猛、服從、愛國才是美德。

斯巴達的改革者立柯革斯覺得，改革是一件永遠的事業，不是光靠嘴巴說說就夠了，要持續不斷地做下去才會成功。

他廢除以往流通於斯巴達的金幣與銀幣，通貨改用鐵幣。由於鐵幣的使用，使得別國的商人不喜歡與斯巴達通商，因此非生活必需品便進不了斯巴達，而基本的民生用品則由斯巴達國內自給自足。

此外，由於務農的農奴只須繳交農產量的一半給斯巴達主人，所以斯巴達人原本就不富裕，在貨幣改為鐵幣後，他們更不想存錢。斯巴達人的生活水準雖然被壓制到最低的程度，但由於大家都在一樣低的水平上，因此不會有嫉妒的情形發生，也不會引發有錢人與窮人之間的階級鬥爭。斯巴達的治安很好，沒有小偷；政治上也沒有雅典擺脫不掉的權利抗爭，長期以來都維持著安定的局面。

總之，這一切的一切都只是在為斯巴達的軍事奠基，斯巴達的軍事力量因而十分驚人。軍隊人數雖少，但聲名遠傳至波斯，希臘精銳部隊指的就是斯巴達步兵團。

但是，斯巴達除了出產戰士外什麼都沒有，舉凡哲學、科學、文學、歷史、建築與雕刻，皆無特殊成就，只留下「斯巴達式」這個名詞。

儘管古代的斯巴達擁有強大的軍事力量，但隨著假想敵雅典勢力的增強，地處拉科尼亞山中的斯巴達也開始感到不安，繼而向外圖謀侵略；到了西元前六世紀末時，斯巴達幾乎已經統治了整個伯羅奔尼撒半島。

斯巴達與被統治的城邦聯合締結了由它所主導的「伯羅奔尼撒同盟」，加入這個同盟的條件是，當斯巴達發生戰爭時，同盟國要提供兵力，要採用貴族政治不能實行民主政治，不過不必支付年貢金，因為對斯巴達而言，士兵比金幣更重要。同盟成立後，斯巴達甚至還將與自己不同政治路線的民主城邦視為敵國。

希臘境內有一百五十個以上的城邦，在西元前五百年前後，只有雅典與斯巴達的發展最引人注目，雅典經濟繁榮，斯巴達則是軍事力量強大。然而在這個時期，這兩個政體完全不同的強國都有共識地盡量避免激烈的衝突，因為當時的希臘對外正面臨勁敵，如果內部再變亂紛起，肯定會兩敗俱傷。而這個強敵後來引發了波希戰爭。

波希戰爭

為什麼歷史敘述中會有那麼多與戰爭有關的描述呢？與其說人類總是無法從事件中記取教

訓，倒不如說戰爭是描寫歷史與人類的最好素材。我們通常可以從一個民族在戰爭與戰後處理的態度上，清楚地了解該民族的性格。雖然接下來要敘述的波希戰爭，完全沒有羅馬人的蹤影，但要了解羅馬人時免不了總要先了解希臘人，而這場戰爭正是了解希臘人最好的題材。波希戰爭在希臘頻繁的內戰史上雖不足為奇，但它卻是全希臘團結抗敵的唯一事例。

波斯帝國在邁入西元前五世紀時，成功征服近東全域，並開始放眼西方。波斯擴張勢力的主要原因，可歸納為以下兩點：

第一是基於經濟上的理由。當時的經濟中心是介於小亞細亞西岸的愛奧尼亞地方與希臘本土間的愛琴海區域，波斯一直想將這個繁榮的地帶占為己有。

第二是基於宗教上的理由。當時的波斯人確信，波斯宗教所信奉的最高神祇善神奧馬茲德，比道德與普通人沒有什麼兩樣的希臘神更優秀，因此他們認為理所當然應該由優秀的民族來統治劣等宗教的民族。

波斯國王是善神奧馬茲德授權的地上代言人，他不單只是一國的國王，而且是「諸王之王」。從「諸王之王」的眼光來看，希臘城邦的民主政體只會不斷地引起內部紛爭，一點好處也沒有，因此波斯人覺得，應該讓希臘人從這個「惡夢」中覺醒才符合神的旨意。

我們與其說波希戰爭是經濟因素所引發的戰爭，倒不如說它是一場意識型態之戰。

波希戰火最先在波斯附近的小亞細亞西岸引爆，因為波斯國王強迫當地城邦放棄民主政治，實施君主政治。而當時的愛奧尼亞經濟比希臘本土更發達，政體也在進行改革中，可以說比雅典更早就實施民主政治，因此便由密列特斯帶頭反抗波斯國王的無理要求。

密列特斯人首先向希臘城邦中軍事力量最強大的斯巴達求援，希羅多德在其描述波希戰爭的《歷史》中，引述密列特斯人說服斯巴達出兵時的談話如下：

「愛奧尼亞的希臘人，眼看就要變成奴隸了，對於住在愛奧尼亞的我們來說，這是再悲哀不過的事了。但這也是全體希臘人的問題，特別是擁有全希臘最強軍力的你們更不能見死不救，希望你們可以解救愛奧尼亞的同胞脫離波斯的暴政。」

當時斯巴達正在和亞各斯打仗，再加上他們一向對民主政治沒有好感，所以並沒有答應愛奧尼亞的要求。最後允諾出兵的是與希臘人同屬亞該亞民族的雅典與尤比亞，兩國合力出動二十五艘戰艦與士兵，但他們都不是波斯的對手。不到四年，也就是西元前四九四年，愛奧尼亞希臘人的反抗波斯便宣告失敗。

而波斯國王也從這次的愛奧尼亞經驗中得知一件事。他確信，想要攻奪希臘人的都市，不能像攻取近東民族那樣只靠軍隊硬攻，必須再巧妙地運用一點手段離間各城邦，如此一來各城邦之間必定步調大亂。

西元前四九〇年，波斯國王大流士調集海陸共二萬五千名的兵力，向先前援助愛奧尼亞的

獨立希臘地區
波斯王支配下的領域
波斯王屬國
波斯軍隊的進攻路線

主要戰場
①馬拉松
②色摩比利
③薩拉米斯島
④普拉蒂亞

波希戰爭時的希臘世界

雅典及尤比亞出動，這是波斯正式以這兩個城邦為敵的一次進攻。尤比亞不久後便被攻破，居民被販為奴隸。波斯大軍隨後轉攻雅典，他們在阿提卡東岸的馬拉松平原登陸。

雅典獲知波斯來襲的消息後，舉國震驚，立刻派遣緊急特使前去斯巴達求援。斯巴達雖然沒有拒絕雅典的援助請求，但卻一直沒有動靜，於是雅典只好先行布署自我防衛。

很幸運地，在這緊要關頭，雅典的「國家政治作戰顧問」選出了富有決斷力的米太亞德。米太亞德立刻組成一支一萬人的重裝步兵團，並且率領這支軍隊前往馬拉松平原；而幾乎毫無防備的雅典城，也開始布署海軍守衛海域。

米太亞德見波斯軍隊的人數比雅典占優勢，為了減輕損傷，於是將戰線拉到與敵軍等長，將精銳部隊安置在左右兩端。

而戰爭的開始與結束也完全如米太亞德所預期，雅典軍雖然從中間被攻破，但卻成功地從左右兩端包夾波斯軍隊；另一方面，從海上進攻雅典的波斯海軍也一樣沒有成功，最後波斯的海陸兩軍只好撤回東方。

當時有一名雅典士兵，在戰後興奮地跑回雅典報告馬拉松捷訊，這段插曲後來變成近代奧林匹亞運動會中的馬拉松競賽。

在馬拉松之役中，雅典只戰死一百九十二人，波斯折損的兵員似乎比雅典多。事實上，這場戰爭的勝負還具有精神上的意義，因為希臘人從此知道，在近東地區屢戰屢勝的波斯軍其實並非所向無敵。

然而波斯雖然吃了敗仗撤退，但顯然尚未大顯身手。因此，沒有人認為波斯會就此罷手，對成功擊退波斯的雅典而言，籌謀對波斯的戰略更是一件刻不容緩的課題。

雅典雖然因為在馬拉松之役中獲勝而有了自信，但從此以後，國內在波斯戰略意見上卻分成對立的保守與激進兩派。兩派之間的對立原因，除了看法上的不同外，兩派首領間互相競爭也是原因之一。

保守派的領導人是亞里斯底德斯，他就是當年受無知男子之託，將自己的名字寫在陶片上的人；而激進派的首領則是塞密斯托克立茲。

激進派的想法通常比保守派來得明快，塞密斯托克立茲的想法當然也較明快。

他主張增強軍備，以利自我防衛，同時也強調雅典應該將軍事主力放在海軍；但亞里斯底德斯卻不贊成他的看法。

於是，塞密斯托克立茲便沿用雅典政界慣用的陶片流放制度，排除對立的政敵，由於陶片流放制度一定要集有六千片才生效，因此時常有幕後的黑箱作業。總之，在實行民主政治的雅典，陶片流放制度是除掉政敵最有效的利器。亞里斯底德斯是否受人陷害在陶片上寫下自己的名字這件事，對大多數人而言都是毫無影響的。

塞密斯托克立茲利用陶片流放制度成功地清除政敵後，再也沒有事情可以妨害他了，於是他開始引導雅典走向他理想中的方向。他將從前分配給公民的礦山收益，全部收歸國庫，以作為增強軍備的經費。當時雅典的造船業已經發展到在一年之內就可以建造二百艘三層戰艦的程度，雅典已經取代迦太基蛻變為地中海世界最強大的海軍國了。

西元前四八〇年，也就是馬拉松之役十年後，波斯國王薛西斯繼承先王大流士的遺志，再度率領三十萬名士兵及一千艘軍艦向希臘進攻。

波斯陸軍渡過海列斯龐特海峽，越過色雷斯及馬其頓平原南下；海軍也偕同陸軍，沿著往希臘的海岸西行，然後轉南。

雅典因此立刻進入備戰狀態，並召回從前被流放的人才。在三年前因陶片流放而流亡外國的亞里斯底德斯也被召回國，並且成為塞密斯托克立茲的副將。

波斯之所以出動如此的大軍進攻雅典，除了誇示波斯的國力外，同時也想藉機離間希臘各城邦。但是，這次連斯巴達都加入希臘防禦戰。

這是一場異文化之間的對決。在自己國內一向視服從為美德的斯巴達人拒絕服從波斯人，雅典與斯巴達聯合反抗波斯，其他的城邦紛紛跟進。希臘人終於以堅守獨立與自由為旗幟，在各個城邦彼此獨立、欠缺協調的情況下實現了最初也是最後的大團結。

希臘軍隊聯合作戰的戰略，是雅典的塞密斯托克立茲想出來的。他覺得在塞沙利的平原迎擊波斯大軍對希臘而言很不利，因此決定以希臘中部山區的色摩比利山谷作為對抗波斯軍隊南下的最初防衛線，並由斯巴達國王雷奧尼達斯率領三百名斯巴達士兵到前線抗敵。另外，在應付波斯海軍方面，他也派遣以雅典海軍為主力的希臘聯合艦隊前往尤比亞岬埋伏。

整個作戰上都沒有問題，希臘艦隊也成功地阻止波斯海軍的南下。

但是斯巴達的支援部隊卻來晚了。波斯國王不希望自己的軍隊與斯巴達士兵發生激烈的衝突造成無謂犧牲，因此採用迂迴戰術，下令從軍隊挑選出來的精銳部隊從背後襲擊斯巴達。

雷奧尼達斯見情勢危急，立刻下令撤退四千名伯羅奔尼撒士兵，只留下三百名的斯巴達戰士死守色摩比利。當地後來還豎立一塊紀念碑以紀念這群死守色摩比利的斯巴達戰士，碑上所刻的詩文寫道：

「異國的人們呀！請告訴每一位殉國的斯巴達士兵們，他們將在此長眠！」

這是一段既淒涼又悲壯的傳說故事，斯巴達戰士的名聲，也因而流傳後世。然而雷奧尼達斯與三百名士兵並沒有白白犧牲，因為希臘內部已經獲知斯巴達戰士為希臘獨立與自由殉身的消息，面臨危機的同盟戰線因此按兵不動。

然而波斯國王已經征服希臘三分之二的國土，波斯軍隊一面燒殺擄掠，一面繼續南下，竟沒有希臘人出面攔阻。

波斯國王薛西斯一舉南下進入無人的雅典城，城中既無防守的士兵，也沒有逃竄的女人及小孩，有的只是瘋狂的波斯士兵破壞衛城後所揚起的塵土，飄浮在無人的雅典上空。

然而，這正是塞密斯托克立茲的戰術。他認為希臘雖已失去三分之二的國土，但仍必須好好守住重裝步兵及艦隊；他確信要對抗強勁的波斯軍隊，選擇海戰會比陸戰有利。

因此，雅典的戰士便棄守首都，將雅典的全體居民遷往薩拉米斯島避難。然後，再登上滿載戰士的戰艦移師薩拉米斯島海上待命。

船上的雅典士兵遠遠地就可以看見燃燒中的雅典市街，連橫行肆虐的波斯士兵的聲音都可以聽得見，雅典人心中隱忍的戰意就快要爆發了，而這些全都在塞密斯托克立茲的預料之中。

波斯士兵被這簡單的戰略搞得興奮異常，從波斯國王薛西斯一聲令下，到向海上的雅典軍挑戰，中間所歷經的時間看似很長，實則很短。因為迎擊波斯軍隊的雅典重裝步兵及海軍戰力非常強大，波斯國王薛西斯只能站在岬上，眼看著自己的軍隊徹底失敗。

史上有名的戰役「薩拉米斯海戰」一天便結束了，波斯國王被迫撤回波斯首都蘇沙，波斯船自此就從愛琴海域上消失。

然而很快地，波斯在第二年又發動了一場雪恥之戰，而雅典方面也在塞密斯托克立茲的指揮下，再度採取海上防衛戰。而這一年，其他的希臘城邦也加快行動，由斯巴達國王保薩尼阿斯擔任總指揮的五萬名希臘聯合軍，在底比斯附近的普拉蒂亞郊外迎擊由前年舊路線南下的波斯軍隊。戰況十分激烈，最後由希臘獲勝，而波斯士兵則與前年一樣，渡過海列斯龐特海峽逃回亞洲。

同一年，希臘出動以雅典海軍為主力的希臘聯合艦隊，進攻愛琴海東部的小亞細亞，希臘軍在海陸兩方大獲全勝，其他地方的戰爭也都順利告捷，這次戰爭，希臘方面的海上指揮是雅典人，而陸上指揮則是斯巴達人。

波希戰爭終於在西元前四七八年宣告結束，密列特斯、愛菲索斯及歷史學家希羅多德的故鄉哈里卡那索斯等愛奧尼亞諸城市，又再度重回當地希臘裔居民手中，而愛琴海也因而繼續成為希臘之海。

霸權國家雅典

希臘人在擊退大敵波斯後，並沒有因此鬆懈，希臘的城邦群一致認為，有必要建立一個永久的防衛體系來防止波斯的再度侵襲，於是它們締結了「提洛同盟」。

此一同盟的主導權當然是握在雅典手中，因為當初掀起波希戰役的就是雅典的海軍。加入「提洛同盟」的不只是希臘本土的各城邦，還包括了愛琴海上的島嶼及愛奧尼亞地方的都市國家，形成了一個包含二百多個城邦的連合體。而當時希臘有許多的都市國家，它們之所以選擇提洛作為同盟本部，是因為供奉阿波羅神的神殿就在當地，祂是希臘所有城邦共同敬仰的對象，「提洛同盟」的名稱就是由此而來。

凡是參與同盟的國家，都可以保有內政及外交上的完全自治權，而義務方面則因城邦的實力而異。同盟主國如雅典、雷斯波斯、希巧斯、薩摩斯及那克索斯等島嶼城邦，都有提供戰艦以及海軍的義務，其他的城邦則負責分攤軍事費用。由各個城邦所提供的同盟資金，必須交由提洛島的阿波羅神殿保管；至於同盟的議長權、同盟艦隊的最高指揮權及資金運用的權利，則由雅典一手控制。

希臘有了如此大規模的海上常備軍之後，制海權已不再局限於愛琴海域，開始從小亞細亞南岸的海域擴展到塞浦路斯；而波斯海軍又只活動於本國沿岸，因此地中海東半部便成了希臘人的舞臺。

然而，「提洛同盟」依舊無法改變希臘人欠缺協調的個性。斯巴達因為反對雅典掌控主導權而拒絕加入同盟，一年前一致團結對抗波斯的精神已無法繼續，斯巴達眼看雅典因「提洛同盟」而樹立霸權，於是也決定強化自己所發起的「伯羅奔尼撒同盟」。

希臘在波希戰爭獲勝後，雅典在希臘海上愈來愈強，斯巴達則稱霸於希臘陸上。然而，兩大強國之間卻一直處於敵對狀態，到西元前四三一年「伯羅奔尼撒戰爭」爆發為止的四十七年間，他們仍在冷戰當中，但當時應該是工商業國家雅典國內空前和平的時期。

希臘因面臨強敵而團結一致，但卻在擊退敵人後分裂為「提洛同盟」與「伯羅奔尼撒同盟」

兩大勢力，連靠全國一致抗敵才打勝仗的雅典都再度引發政變，而事件的主角仍舊是塞密斯托克立茲及亞里斯底德斯。

這一次，塞密斯托克立茲的主張還是一樣的強硬果決。

塞密斯托克立茲依舊主張海軍是防衛大敵波斯的關鍵，因此今後必須繼續增強海軍戰鬥力；他還認為不宜再孤立雅典市街，因為逃到海上避敵的策略總有一天會失效。於是他想有效地連結雅典市街及海港皮留斯，並且為了確保雅典到皮留斯之間的通行安全，在道路的兩側圍上高聳的城牆。

塞密斯托克立茲確信雅典的出路在海上，為了有效運用在皮留斯海港拋錨的海軍，必須使雅典與皮留斯成為一體。

而現在要獲得雅典公民的認同並不困難，但塞密斯托克立茲的眼光則放得更遠。

他認為雅典的敵人不只是波斯，與斯巴達的對決也是避免不了的；因此，他想將雅典的霸權擴展到伯羅奔尼撒半島。他暗示斯巴達支配下的伯羅奔尼撒半島各城邦，表示雅典會不惜一切為樹立民主政體而努力，藉此煽動各城邦叛離斯巴達，圖謀解體以斯巴達為盟主的「伯羅奔尼撒同盟」。

另外，塞密斯托克立茲也鼓動在斯巴達國內受支配的農奴階級，為爭取民主政體下的自由而發起暴動，這使得斯巴達的國力因而搖搖欲墜。

而塞密斯托克立茲本身必須有強大的權力，才能順利推動上述所有策略。在波希戰爭中居功厥偉的他，雖然人氣旺盛，但還是不夠。他為了強化自己的權力基礎，特別禮遇雅典的第四階級公民，想藉此獲得他們的支持。這群公民雖然沒有財力，卻以海軍的身分活躍於波希戰爭，隨著戰爭的勝利，他們的氣勢也跟著上揚，但對當時身為指揮官的塞密斯托克立茲仍十分尊敬。塞密斯托克立茲如果真的能順利拉攏他們，他的權力基礎就可以算是十分穩固了。

但這卻深深地刺激了以亞里斯底德斯為首的保守派，因為他們害怕塞密斯托克立茲的想法及作法會危害到自身階級的利益。

他們指責塞密斯托克立茲忘了波斯這個大敵，反而敵視友好國斯巴達，因而利用陶片流放制度讓塞密斯托克立茲失勢。而這一次，亞里斯底德斯也肯定不會再受人所託，在陶片上留下自己的名字了。

在波斯軍隊敗走的七年後，也就是西元前四七一年，塞密斯托克立茲被流放了。

然而，氣焰高張的塞密斯托克立茲被流放後，仍然繼續宣揚斯巴達的危險；但他所高唱的反斯巴達主義，不僅不見容於雅典，連其他的城邦也無法接受。在各城邦的眼中，塞密斯托克立茲看起來比斯巴達還危險，危險人物當然就沒有生存之地，最後他只好流亡波斯。

從前的波斯國王薛西斯吃足了塞密斯托克立茲的苦頭，等到塞密斯托克立茲流亡波斯時，波斯王位已由薛西斯的兒子繼任，這位新任國王對亡命而來的昔日敵將十分禮遇。塞密斯托克立茲亡命波斯後雖然受到禮遇，但在他流亡生活的第十年，也就是西元前四六〇年，卻無法再繼續平穩過日。

因為波斯國王要他擔任波斯海軍的指揮官，以對抗雅典海軍。

塞密斯托克立茲無法拒絕對他有救命之恩的波斯國王，但又不忍心回頭對付自己的祖國，於是七十歲高齡的他，只好選擇飲鴆自盡。這位在四十年前便預見雅典與斯巴達勢不兩立的男子，就這樣了結一生。

雅典從塞密斯托克立茲被流放起到自殺於波斯的十年間，改由保守派領導。此派的領導人在亞里斯底德斯光榮引退後，換西蒙上臺。西蒙是馬拉松之役的功臣米太亞德之子，同時也是一位極優秀的海軍將領。

雅典在塞密斯托克立茲失勢後，採取全面反波斯政策，為了貫徹這個政策，甚至伸手援助陷入經濟危機的斯巴達。

就在塞密斯托克立茲自殺的前一年，西蒙也因為雅典平民派的再度抬頭而被陶片流放。但這些再度掌握勢力的民眾，並不打算召回塞密斯托克立茲，因為十年的空白期太長了，因此雅典的平民派另外推派出一位年紀只有塞密斯托克立茲一半大的年輕人來領導，於是歷史上著名的「伯里克里斯時代」便自此揭開序幕。

伯里克里斯時代

推動民主政體者，不一定是民主主義者。

伯里克里斯出身雅典的名門貴族，由於他的貴族性格使他成為一位有自由主義思想的人。西元前四六一年，伯里克里斯在保守派的西蒙失勢被流放後緊接著上臺，當時他大約只有三十五歲。由於伯里克里斯在西蒙被流放後沒多久便躍登政界，因此西蒙的流放事件恐怕與伯里克里斯的暗中活動不無關係。而他在獲得政權後，依然將權力基礎放在曾經擁護他上臺的對立階層上。

都市國家雅典的最高執行機關如前所述，是由十位「國家政治作戰顧問」所組成，由每年的公民大會選出。而所謂的掌握權力，正是想辦法連任「國家政治作戰顧問」的最高首長「議長」一職。

伯里克里斯辦到了，為什麼只有他做得到呢？

伯里克里斯更加徹底地實行克利斯提尼所完成的雅典民主政治。除了必須具備才能及經驗的軍職及財政工作須由公民大會選舉產生外，其餘的政府官員及行政、軍事指導者皆改用抽籤決定。此外，以上所有公務人員在執勤期間皆支付日薪。

這個抽籤與日給互相配合的制度，是當時具有影響力的國家中，唯一且完整的直接民主政治，也是歷史上最早的直接民主實例。

理論上，發展至此的雅典已經賦予全體公民一律平等的國政參與權。然而，實際上卻有實行的困難，因為當時的公職全都是無給職，對於那些每日必須汲汲營生以求溫飽的人而言，即使在選舉中被選上了，也難以任職公務。但是伯里克里斯解決了這個問題。

如此一來，不管是皮留斯港的造船工人、或在狹小耕地上耕作的貧窮自耕農、甚至是在雅典的海軍軍艦上工作的水手，全都有了真正的參政權。雅典的民主政治，因為這個時期無產階級的參政，而擴張到極限。

伯里克里斯還將當時雅典人的主要娛樂——劇場的入場費用，改由國庫支出，讓民眾免費觀賞演出。

此外，他還在因波希戰爭而被破壞的「衛城」中，著手進行大規模的再開發事業，加蓋美麗壯觀的神殿和劇場。伯里克里斯所做的整建工作，招致了許多動用國庫之類的批評，面對這樣的窘境，他並沒有用一些笨拙的藉口來澄清，他說：

「我知道了。從明天開始我會用我自己的錢來支付工程費用，但是，巴特農神殿前面必須塑立我的雕像，應該沒問題吧!?」

反「衛城」派聽了他的話後，這才啞口無言。

以巴特農神殿為中心的衛城雄偉堂皇，凡是看過的外國旅客無不驚異地發出讚嘆。他們愈是讚嘆，雅典人就愈感驕傲。

伯里克里斯在躍登政壇的三十年間，幾乎每年都當選為「國家政治作戰顧問」，而且大多擔任議長。

雅典人看見別人成功格外容易眼紅。在雅典政界一直保有用來排擠政敵的陶片流放制度，這個制度對當權者而言，無疑是一把雙刃利劍；但伯里克里斯沒有廢除這個制度，而且在當政的三十年漫長歲月中，他一次也沒有失足過。

一個無為的領導人，即使被唾棄，也不會有倒臺的危險。但伯里克里斯卻不是這種無為型的領導者，他能在三十年間連續執掌民主政體的大權，在希臘史上算是空前絕後的例子。之所以如此，並不是因為他本身具有民主性，而是他能夠巧妙地運作民主政治。

伯里克里斯非常熱衷權力，為了贏得人氣不擇手段，根據某位歷史學家指出，他還曾經利用賄選來獲得權力。如同優秀的演奏家喜愛名器一般，強大的權力對伯里克里斯而言是不可或缺的。

而當時的雅典，只有伯里克里斯一個人擁有「名器」，但不知道他到底想演奏出什麼樣的「樂章」？

伯里克里斯在雅典是不容置疑的平民派領袖，但他卻沒有排除亞里斯底德斯與西蒙一路傳承下來的保守派作風，反而承襲他們的路線。他利用海軍控制海上霸權，目的就是要以此確保以及擴充雅典的貿易範圍，提升雅典的經濟力。為了達成這個目的，他致力於與波斯及斯巴達保持友好關係。

然而，他同時還繼承了塞密斯托克立茲未果的策略，將斯巴達列為與宿敵波斯同等級的假想敵；有了這樣的假設，他在擬定應付斯巴達的對策上便不敢有所怠慢。他的策略是盡可能地避免將衝突檯面化，並且利用拖延的這段時間削弱斯巴達的力量。為了達成目標，他與塞密斯托克立茲一樣不擇手段。

不過，伯里克里斯與塞密斯托克立茲畢竟還是有所不同。伯里克里斯不僅是一位卓越的政治家，同時也是一個十分有修養的人，因此很自然地就將野心放在改革雅典成為希臘第一城邦上。

伯里克里斯時期的雅典，延攬了許多沒有公民權，但卻在各個領域中擁有優秀才能的人。雅典成了哲學家、歷史學家、藝術家心中的理想殿堂；對他們而言，只要得到雅典的認可就如同躍登龍門。而衍生於愛奧尼亞地方的希臘哲學，也在這個時期將重心轉移至雅典。雅典不管在政治、經濟、海軍軍事、甚至是文化上，都成了希臘城邦的表率，一直為後世所景仰的「希臘文化」，便是誕生於以伯里克里斯時代為中心的二百年間，並以伯里克里斯在位的三十年間為顛峰期。

根據歷史學家修西狄底斯筆下的記載，伯里克里斯曾經發表過這樣一篇言論：

「我們雅典擁有優於各國的政體，這不是沿襲別國而來的，而是可以作為他國榜樣的一個政治體制。我國所實行的民主政治，權力並非控制在少數人手中，而是多數的雅典公民都可以共同參與的。

在這個政治體系之下，全體的公民都有平等的權利。一個人在社會上所獲得的名譽，不再因出身及生活環境而有別，而是依照個人的努力及成就來決定，只要有貢獻於國家，即使貧窮也能獲得表揚。

身為公民的我們，不只在公共生活上可以享受到完全的自由，甚至是私人的日常生活也一樣，雅典公民所享有的高度自由，可以說是到了令人無法置信和嫉妒的程度。……不過，這只是要讓人忘卻每日辛勞的一種手段，雅典人並沒有忘記充分地享受教養及娛樂，也沒有忘記在每年固定的時間舉辦競技或祭典，以及維持居家整潔的重要。……

有關於子弟的教養方面，我們的競爭對手（暗指斯巴達人），為了要培養子弟們勇敢的性格，在孩子年紀還很小的時候就對他們施以嚴格的教育；然而，我們則不像他們一般對子弟施行如此嚴格的教育。但面臨危機的時候，子弟們所顯現出來的勇氣卻不輸給他們。對於試煉，我們也不像他們一樣預期著非人的嚴格訓練後的結果；我們以每個人的能力為基礎，用決斷力面對試煉；我們的勇氣並不是來自法律，而是源自於各個雅典公民每日生活的行動原則。

我們愛美，但有所節度；我們尊重知識，但不沉溺；我們追求財富，但這是為了尋求超越，而非想做愚蠢的炫耀。在雅典，貧窮並不可恥，可恥的是不肯努力上進，擺脫貧窮。我們雖然尊重私人的利益，但這是為了提升對公共利益的關心，因為在以追求私利為目的所經營的事業上發揮出來的能力，也有可能應用到公共事務上。雅典人認為，不關心政治的公民並不代表愛好和平，而是不配作為一個公民。

總之，我們的城邦雅典在任何一方面都是希臘的學校，雅典的公民可以說是集名譽、經驗與資質的綜合體，因此我們每個人都擁有完整的人格。

這並不是說說而已，而是真真確確的事實，現在的雅典就是因為我們的想法、作為而強大的，這就是最好的實證。」

以上確實是一篇精闢且不容置疑的正論，足以作為自由主義者的圭臬。經過二千年後，人類雖然愈來愈進步，但不知出生於二十世紀末的我們之中，是否還有像伯里克里斯這般能夠發表簡潔精闢演說的領導人才？

從羅馬一路迢迢遠到希臘視察，並在希臘停留一年的三名羅馬人，當時所見識到的正是伯里克里斯時代的雅典。

世人所謂的「伯里克里斯時代」，指的是橫跨西元前四六〇年到前四三〇年之間的三十年。而正在發展中的羅馬派遣三名元老院議員到先進國雅典訪視一事，則發生在西元前四五三年到前四五二年之間。

伯里克里斯時代末期，雅典與斯巴達的對立轉趨激烈，終於在西元前四三一年爆發了伯羅奔尼撒戰爭，這是在羅馬人造訪希臘二十年後所發生的事。從那時候起，伯里克里斯的權力就開始動搖，他甚至不惜到「射將先射馬」的反對派面前，請求他們不要將他的愛人關進牢裡，然而羅馬人並沒有看見這樣的伯里克里斯。

總之，羅馬視察團到希臘時，見識到的正是伯里克里斯叱吒風雲時的雅典。當時他們所看見的伯里克里斯，就像潔白耀眼的大理石神像一般，驅使著雅典人逐一實踐他的理想。

一般人看見這樣的景象，一定會立刻被吸引而成為雅典民主政治的追隨者，並且將雅典經驗引進自己的國家。再說，雅典繁榮與強大的事實，不用伯里克里斯到處宣揚，就已經成為他國競相模仿的對象，連波斯都不得不佩服。

話雖如此，羅馬卻沒有學習雅典經驗，也沒有仿效經常使人與強大的雅典產生聯想的斯巴達。

任何人都知道，即使到衰退中的國家去訪視，也可以參考其弊端用為借鏡；而到顛峰狀態中的國家去視察，卻不學習它的經驗，這就費人猜疑了。更何況這又不是大學生的畢業旅行，前去視察的三位元老院議員都是有相當年紀及經驗的人，在接觸過西元前五世紀中葉的希臘之後，一定會興起模仿的念頭或是別的看法。

然而，在流傳下來的史料中，卻完全看不到有關這三名羅馬人在希臘一年中的所見所聞、想法，甚至回國後的報告。連對當時的羅馬記載得最詳盡的歷史學家李維斯也只寫道：「羅馬派遣他們到希臘是為了抄寫著名的梭倫法典，以及調查希臘各國的現狀、法律、立法過程。」至於他們歸國後的部份，也只記載羅馬組織了一個包括他們三人在內的十人委員會制定「十二銅表法」。不過，也有可能他們當時確實有留下記錄，只是後來遺失了。因為，相傳在西元前三九〇年高盧人入侵時，羅馬城曾發生大火燒毀了許多史料。總而言之，能讓我們一窺羅馬人在希臘視察感想的史料完全沒有遺留下來。

但我與注重史實根據的研究學者不同，是屬於外行人；既然是外行人，就有推測與想像的自由。

而且，我認為他們沒有學習希臘經驗並不表示他們沒有受到希臘的影響，也許他們沒有仿效希臘，就是因為受到重大影響的緣故。反觀羅馬所派遣的三名訪視成員，從他們出國前後的實務業績來看，可以發現他們全都是頂尖的人物，絕對不是缺乏觀察及洞察能力的烏合之眾。

如何讓自由與秩序並存，是人類永遠的課題。沒有自由就不會有發展；而沒有秩序，發展也不可能持續，但自由與秩序兩者的關係卻往往對立無法相容。政治上最大的課題，就是要想辦法實現這兩者，並且使這兩者在不互相牴觸的情況下相容並存，不過雅典與斯巴達卻各自朝不同的方向發展。因此，我認為西元前五世紀中葉到雅典與斯巴達所做的這趟視察，對其他國家的人來說應該也會相當有益。

那麼，如果我們以這三個羅馬人的立場來看當時的斯巴達與雅典，不知又會如何？

對羅馬人而言，軍事國斯巴達所採用的稅制與軍制合一制度，一定讓他們感覺相當親切；此外，斯巴達人最重視的質樸剛健主義，想必也讓此後二百年仍繼續奉質樸剛健為宗旨的羅馬人產生諸多共鳴。

然而，斯巴達社會十分封閉，不僅是與他國之間的關係封閉，國內的階級區分也十分嚴格；因此，封閉的斯巴達，在不排斥與其他部族融合的羅馬人眼裡，無異是一種異質文化。

在軍事方面，斯巴達培訓專業的士兵任職軍務，而羅馬的士兵則是一般的普通人；羅馬人也認為服從是美德，但他們的服從並不是涵蓋所有生活的斯巴達式原則；斯巴達一向輕視擁有私有財產的人，但羅馬最早的法律卻是為了保障私有財產而訂。

也許羅馬人會覺得，不必像斯巴達這般壓抑自由也一樣可以維持秩序，不用像斯巴達一樣傾全力培養士兵，也照樣可以保衛國家。

而且，他們可能也觀察到斯巴達人的生活方式，其實只適於防禦而不適合發展，因為斯巴達有秩序卻缺乏自由精神。

當時的羅馬不僅實行共和，而且還與某個時期的雅典一樣，平民階級逐漸崛起。而三名羅馬人的希臘視察之行，就是為了要制定成文法，以滿足人民的要求。西元前五世紀中葉的羅馬與克利斯提尼時代的雅典很相似，也就是說羅馬的政體要演化成雅典式的民主政治並非不可能，但後來卻沒有如此演變，因此有許多進步主義派的羅馬史專家都對此深感遺憾，覺得這簡直就是從「實現民主的大好機會中逃走」。

三名羅馬人在雅典待了一年，想必有許多機會可以接觸與觀察伯里克里斯的言行舉止。在他們接觸到伯里克里斯卓越的才能後，難道不會深覺人間少有像他這般不平凡的人嗎？深覺之餘，我想他們應該還會進一步地發現伯里克里斯充分運作的民主政治弱點。

西元前五世紀中葉的這趟訪行，看不到二十年後的伯里克里斯之死，也無法預見在伯里克里斯死後將雅典逼上絕路的「眾愚政治」。但大家心裡都很明白，西元前五世紀中葉的雅典，是靠伯里克里斯的力量才能走向自由與秩序之路。

與伯里克里斯同時代，後來還著述《伯羅奔尼撒戰爭》一書的歷史學家修西狄底斯，就曾評論伯里克里斯時代的雅典如下：

「從表面上看來雅典是實行民主政治，但其實是由一人統治的國家。」

修西狄底斯對於雅典都能有這樣的體認了，當時的三名羅馬視察員一定也能有所體會。而羅馬從厭棄獨裁、打倒王政到實行共和，中間只經過半個世紀，所以來自羅馬的人難免會對獨裁特別敏感。獨裁最大的缺點就是即使出現弊端，也沒有辦法加以箝制，所以實行獨裁政治的人必須擁有相當的資質，能準確拿捏分寸，但不曉得為什麼這樣的人才後來沒有繼續出現？

不知道那三名羅馬人是不是早就看出，伯里克里斯時代光輝的雅典民主政治蒙有獨裁的陰影，所以在視察過顛峰期的雅典之後，才沒有模仿雅典人的政體？

與希臘接觸之後

羅馬在視察希臘後一直到西元前三六七年的八十年間，既沒有模仿重視秩序的斯巴達，也沒有學習重視自由的雅典，我很希望它是確立了一個融合兩者理念的政體；但事實卻不是這樣，羅馬的局勢仍然在貴族與平民之爭中搖擺不定。原因有以下幾點：

第一，屬於農牧民族的羅馬人，個性本來就保守，天生厭惡改革。雖然國內也有進行一些變革，但效率都不高。此外，羅馬人對改革抱持保守慎重的態度，因此在發展腳步上難免落後希臘人；但或許就是因為這樣，他們的發展才能長期持續，即使面臨衰退，也不至於受到太大的傷害。

第二，羅馬的貴族階級與雅典貴族不同，他們採取強烈的對立姿態，並擁有足以與平民較量的強大勢力。

第三，羅馬平民要求寡頭政治給予公平的機會，但卻從沒想過要改變寡頭政治型態；也就是說，平民要求政府公平地賦予平民代表統治權，卻不要求由平民自己來做國家的主人。

羅馬人在西元前五〇九年打倒王政，再度高唱歸復共和。但不久後，羅馬人即疲於與協助國王塔奎尼烏斯策劃復辟的伊特魯里亞人、及伺機想併吞新生共和羅馬的鄰近部族開戰。這時期，羅馬國內為了抵抗外敵，很自然地舉國團結一致。

開戰後沒多久，國王塔奎尼烏斯的兒子就相繼戰死或客死流亡地，王系因此斷絕；而鄰近部族也因為羅馬的頑強抵抗，而再度歸順，新生羅馬因而得以暫時化險為夷。

然而，就在政體的交替之際，羅馬共和政權也產生了一個大問題，也就是延續百年以上、分化羅馬勢力的貴族與平民之爭。

為什麼普遍認為比王政進步的共和政治，會產生這種王政時代所沒有的階級鬥爭呢？讓我們透過下圖來解析這兩種權力結構。

羅馬的國王是由公民大會所選，須經元老院同意，任期終身。由於元老院只有對國王提出建言及勸告的功能，所以一個國王如果在位三、四十年，他的權力就可以擺脫元老院的干涉；

相反的，所有羅馬公民都能參加的公民大會，因為有權投票否決國王的軍事、政治決定，所以與國王之間的關係依舊不變。

這樣的情況下，便形成了一個三極化的權力結構。三極構造比較安定，從三隻腳的桌子的普及度來看，並不難理解。

羅馬變成共和政治後，由兩名執政官取代國王。執政官可連選連任，任期一年，人數為兩名以及任期為短短的一年，目的是要防止獨裁政治。執政官的工作除了祭事之外，與從前國王的工作完全沒有兩樣，因此執政官必須具備高超的能力及成熟的性格。而能夠每年持續提供這種人才的地方，只有諸族長老聚集的元老院了。

基於這個理由，執政官與元老院之間的距離日益拉近，這三極權力中的兩極，甚至有重疊與合併的情況。而公民大會這時所擁有的權力雖然仍與從前一樣，但礙於羅馬共和政權逐漸從三極演變成兩極化，與執政官疏遠已是早晚的事。由於世界上沒有兩隻腳的桌子，因此這種演變就構成了羅馬王政時代所沒有的不安定要素。

此外，羅馬在全國必須一致抗敵的共和誕生後的十幾年，也讓平民階級意識到了他們自身的力量。接連不斷的戰爭如果沒有平民加入戰鬥，就無法獲勝，戰爭也無法繼續。

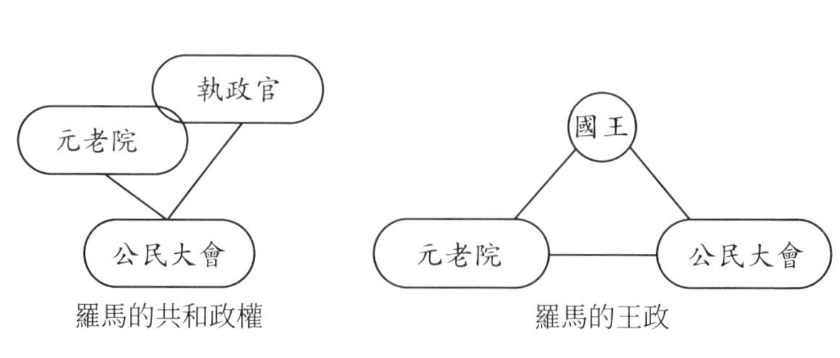

羅馬的共和政權　　羅馬的王政

而平民階級為了每年的戰事，長期離開農牧場、工地、商店等工作崗位，往往也造成了他們經濟上的危機；但貴族卻因為有土地做後盾，即使不工作也不會有經濟困難。至此大家應該很容易就可以看得出來，平民階級在經濟上的不滿就是引發貴族與平民之爭的導火線。

有一天，聚集在羅馬廣場的羅馬群眾發現了一名年近兵役上限（六十歲）的潦倒平民，他衣衫襤褸，形貌憔悴，一張臉被長髮及鬍鬚蓋住了一半，但看起來並不像乞丐或奴隸。於是大家紛紛好奇地詢問他的出身，老人這才微張緊閉的雙唇道出他的身世。

這名老人曾經為了保衛羅馬參加過無數次戰役，也曾擔任過百人隊隊長，當眾人追問他為何會如此潦倒落魄時，老人如此回答。

因為他的農地在一次戰爭中變成戰場，農地和房子都被燒光了，沒被燒毀的家畜也被人偷走，因此他不得不向人借錢重建家園。但是借貸的利息很高，收穫又不盡理想，他根本還不起錢。於是他就依法成了債主的所有物，從羅馬公民變成農奴，還受到比奴隸更殘酷的虐待。

老人說完，脫下衣服讓眾人看他身上的傷口，除了作戰時的刀傷外，被鞭打的傷痕依然歷歷在目。

眾人看到這種景象，便群情激昂地帶著老人到位於羅馬廣場的元老院議場，兩位執政官雖然努力地想安撫群眾激動的情緒，但群眾對於他們勸慰的話根本充耳不聞。而為了商議對策所召集的元老院會議，又因人數不足遲遲無法開會，在場的議員只能不安地乾站在屋子裡。

羅馬城內因為老人的事件，籠罩在一股隨時有可能爆發革命的氣氛中。這時執政官突然接到外敵來襲的消息，其中一位執政官塞爾比流斯，眼看已經沒有從容商議對策的時間了，於是便發出一份緊急公告，希望能與平民達成協議。

「不管是誰，都不能禁閉或用鎖鍊鎖住羅馬公民，不讓他應執政官徵召志願服役；而在羅馬公民執行軍務不在家園的期間，也不得變賣或沒收他們的私有財產。」

平民們接受了這項徵召，而且這次應執政官徵召加入軍隊的平民甚至比以前更多。戰爭的結果羅馬獲勝，接下來在對另兩支部族的戰鬥當中，羅馬也一樣大獲全勝。

凱旋歸來的羅馬士兵，滿心期待塞爾比流斯的公告能夠法制化，但另一名執政官阿庇尤斯·克勞狄斯卻以當時的公告他並不知情或不贊成為由，拒絕將它法制化。在羅馬，執政官的權限是必須兩人都同意才能生效的。至於元老院議員，不曉得是不是已經忘了被群眾包圍的恐怖景象，竟然同意克勞狄斯「於法有據」的否決決定。

民眾因此大感憤怒，當執政官再度為了抵抗外敵入侵而召集戰士時，已經沒有一個平民志願參加了。他們盤據在艾斯奎里諾丘及阿凡提諾丘上不願出來，於是這成了歷史上最早的「罷工」運動。

這麼一來，連元老院也不得不趕緊討論因應對策。而貴族面對平民這種挑明要對決的罷工行動，內部也分成對決派與協調派兩種意見。眼看以克勞狄斯為首的對決派就要占優勢時，元老院突然表明態度，決定委任獨裁官。

獨裁官通常是事態緊急時才會委任，雖然任期只有短短六個月，但期間所作的決定，連執政官都不得有異議。羅馬共和政治所想出來的這套獨裁官制度，在遇到危機時可以將國家大權集中在獨裁官一人身上，以利作決策因應危機。羅馬在西元前五〇一年對薩賓族之戰時，就已經有委任獨裁官的先例了。

然而，這一次事態的嚴重程度與西元前五〇一年不同，獨裁官面對的問題不是排除外敵，而是要收拾內亂。因此，只需一位執政官任命即可的獨裁官，不能從拒絕與平民妥協的對決派中推選。最後，被任命為獨裁官的是華雷利烏斯家族的馬尼烏斯，他是與平民關係良好的首任執政官普布立克拉（平民派）的親弟弟。

平民拒絕應徵入伍的事件因此順利解決。平民全都順服地應馬尼烏斯的徵召下山，而且不久之後就完成了十個軍隊的編組。

羅馬人的民族意識雖然開放，國家意識卻很強烈；只要一致團結抗戰，很容易就可以獲得勝利，這次的戰爭羅馬依舊獲勝。而任期結束的馬尼烏斯，卸去獨裁官的職位，將權力交還執政官後，向公民大會提出了禁止剝奪無法償還欠債者自由的法案。

但這個提案卻遭到公民大會的否決。羅馬在稅制、軍制與選舉制三制合一的情況下，有財力的人有義務提供相等人數的士兵，貴族階級也因此可以掌握更多的票數，很輕易地就能左右公民大會的決議。

雖然平民知道他們只能接受這個既成的決議，但是一想到自己應有的正當權利遭到否決，便不由得怒火中燒，因此發動第二次拒絕應徵入伍行動，躲到比七丘更遠的蒙特薩克羅山中不願出來。

以元老院為大本營的貴族，覺得事情必須徹底加以解決，不能再拖了。

於是便由貴族階級中的協調派與平民階級的穩健派出面調停。而這時羅馬國內兩股勢力互相抗爭的傳言，相信一定早就傳到鄰近部族及伊特魯里亞人的耳中，他們隨時有可能進攻羅馬，因此能夠談判的時間並不多。

西元前四九四年，象徵著聖山的蒙特薩克羅一帶，充滿了勝利的歡呼聲，因為政府成立了一個維護平民階級利益與權利的專任官職——「護民官」。創設時名額定為兩位，就任者必須是平民階級出身，而且不經由容易被貴族階級操控的公民大會選出，而是另外設置一個平民大會來選舉護民官。

護民官有權否決執政官所作的決定，同時還具有如同今天國會議員的不可侵犯權。

平民方面在這次的抗爭中似乎獲得全勝，護民官表面上看起來確實像是為上達民意而設；但仔細一看，這不過只是一個巧妙的敷衍策略罷了！

第一，從今以後，執政官或元老院要對平民階級進行交涉時，只須面對兩名護民官，團體交涉與兩人代表交涉是有很明顯的差別的。

第二，護民官雖然有否決權，卻有戰時不得行使的限制。羅馬每年都有戰爭發生，所以和平時會關閉的雅努斯神殿大門，近年都是大開著的，護民官因此幾乎沒有機會行使代表最高權限的否決權。

不過護民官的設置，確實暫時穩定了羅馬的政情，於是元老院便趁機整頓自王政倒臺以來一直惡化的鄰近部族關係，以消弭導致連年爭戰的因素，並企圖結合宗教、語言及軍事，再建「拉丁同盟」。

話雖如此，雅努斯神殿的大門並沒有因此而關閉。拉丁諸國雖然與羅馬重修舊好，但外部的民族卻又變成羅馬的新敵。羅馬軍在戰爭中雖不能說屢戰屢勝，但以羅馬的軍力要保持優勢並不困難，而問題就出在羅馬軍太常打勝仗了。

通常一個國家打勝仗時，會完全占領敵方部族，但是羅馬卻沒有這麼做。大部份的時候，羅馬只接收戰敗國一部份的土地，其中一半分給同盟國，另一半留下來作為「公有地」，租給羅馬公民。但公有地的租借分配卻再度引發貴族與平民之間的衝突。

這個問題比創設護民官來保護還不起錢的平民更嚴重，因為愈是打勝仗，就會衍生愈多新的問題。

平民抗議公有土地的出租分配不公平，對貴族有利；而貴族則想利用保護私有財產的法律作擋箭牌，對抗平民追求平等的浪潮。羅馬人原本是農牧民族，對他們而言，土地就是他們的財產，這麼重視土地的一群人當然不是隨隨便便給他一塊地就可以。因為土地還有肥沃與貧瘠之分，所以平民才會對貴族分到肥沃的土地，而自己分到的卻是貧瘠地一事提出抗議。

這項因「農地法」而衍生出來的衝突事件，當時變成羅馬內部極為棘手的難題；直到五百年後朱利斯·凱撒出現，才獲得圓滿的解決。

有人諷刺說，這個事件之所以那麼遲才獲得解決，與這個時代羅馬人的美德也有關係。平民的「罷兵」事件依然層出不窮。有時雖然應徵入伍，但卻甘願冒著被處死刑的危險，拒絕加入前線作戰，種種事件顯示出他們仍不願停止「農地法」抗爭。不過，平民的弱點倒不在於他們欠缺團結，而是他們的榮譽心太強。

他們只要一聽見敵人壓境，就會拋開不滿，志願從軍。得知友軍陷入苦戰，就會毅然投入前線，因此羅馬總是會打勝仗。

而這時的貴族如果仍然自滿於本身的權利當中，不肯做些許妥協或犧牲，平民的不滿，大概也更能理直氣壯。只是，當時的貴族卻偏偏都是典型的「貴族的義務」的服膺者，這方面同樣也提高了解決問題的困難度。

辛奇那圖斯原本是個每天在自己的農地上耕作，安穩過日的人。某天他突然接到獨裁官的任命令，於是放下鋤頭拿起指揮棒指揮作戰，不到十五天就打敗入侵的敵軍；但他卻在第十六天時，歸還有六個月期限的獨裁官寶座，再度回到自己的農地上過平常人的生活。另外，法比烏斯家族除了年幼的小孩外，全族都在戰場上為保衛國家而犧牲的事，也是大家口耳相傳，可以顯示出羅馬貴族有強烈責任感的一個例子。

以上僅介紹兩則有名的小故事供作參考，歷史上像這樣的稗官野史，大概還有不少。平民與貴族的抗爭在戰爭時會立刻銷聲匿跡，等到太平時期卻又故態復萌，這也是抗爭難以平定的原因之一。

不過即使如此，羅馬平民的力量卻不斷地增強，於是他們提出要求，希望能將法律成文化。法律尚未成文化時，僅是靠口語傳達，這時法律就很容易被獨占傳達體系的貴族利用。因此將法律成文化，製作成任何人都可以讀得懂的客觀文字形式，是一個極合理的要求。要求既然合理，貴族階級當然就無法坐視不管，因此貴族中的協調派就在這方面完全配合平民。

羅馬因此派遣視察團到成文法先進國——希臘視察。西元前五世紀中葉，三名羅馬人背負著改善羅馬現狀的責任向雅典出發。希臘視察團此行深受羅馬人、尤其是平民階級的期待，因此在視察團歸來的一年間，平民暫停與貴族抗爭。

一年後，羅馬成立「十人委員會」，以制定成文法，十個委員當中也包括從希臘歸國的三人在內。這個機構擁有絕大的權力，可以毫無阻礙地自由制定羅馬最早的成文法，委員們宛如沒有任期限制的獨裁官。但這「十人委員會」的主導權並不在希臘視察歸來的三人身上，而是控制在從以前就一直和平民對立的阿庇尤斯·克勞狄斯手中。

西元前四四九年，羅馬在羅馬廣場一角頒布了「十二銅表法」，將法律條文逐項刻在銅板上；內容不僅震驚期待已久的平民階級，連協調派的貴族也不禁啞然。

「十二銅表法」中完全沒有新的條文，相信這必定讓當時的羅馬人對希臘視察之行感到質疑。

其中，根據不動產的多寡訂定兵役的分擔比例，即所謂稅賦制及參與國政權的制度，看似參考了梭倫的改革，但其實早在王政時代，羅馬就已經確立這樣的制度了。那麼要採用克利斯提尼後來改良梭倫的改革，將不動產的部份改以動產代替的作法嗎？考量到雅典是商業國家，羅馬是農業國家，將公民的權利與義務的基礎改成建立在動產上的作法，並不符合羅馬的實情。這一點，相信平民也有同感。羅馬人民要求的是不動產的公平分配，而不是以動產代替不動產。但是「十二銅表法」的條文中，一點也沒有回應這項要求。

此外，平民也關心在無法清償債務時會喪失自由，這是在非常情形下，人民以自己的身體作為借貸擔保時所衍生的問題。關於這一點，「十二銅表法」也只做了些許的修正而已，那就是「對於無法按期清償債務者，判處拘禁六十天，如果六十天過後仍無法償還債務，就必須被賣為奴隸，或以義務勞動來扣抵債務。但服役期間則可以例外」。這只不過是將原本不成文的規定制定成法律條文罷了。

另外，受到審判的羅馬公民如果不服，可以向公民大會提出申訴，非經公民大會同意不能處以死刑。這項條文也只是再次重申共和初期所訂定的法律而已。至於貴族與平民的通婚問題則一樣被禁止。

因十二條法律條文而得名的「十二銅表法」，從制定以後，就一直受到外界許多負面的批判，因此不斷地修改其中的條文。以致於即使是今天的羅馬法律專家，也只能了解其中的三分之一而已。

羅馬人在修改法律時，並不是修改現存的法律，而是將不合時宜的法律擱置一旁，重新制定合乎潮流的新法。如果舊法牴觸新法，舊法就自動失去效力。在外行人的眼中，這種法律的改定方法還蠻有意思的，因為如果要直接修正舊法，很容易將眼光停留在過去；如果重新訂定新法，則可將眼光放置在現在與未來。所以這樣的作法似乎更好。

「十二銅表法」公布初期，評價並不好，失望的平民階級很明顯地又要與貴族階級再度對決。「十二銅表法」的主導者阿庇尤斯．克勞狄斯所率領的羅馬軍隊二戰二敗，但羅馬人不會將戰敗的責任完全歸咎於司令官一人，所以平民並沒有以打敗仗為藉口去對付克勞狄斯，而是抓住他的私生活做把柄。

身為貴族的阿庇尤斯．克勞狄斯喜歡上一個出身平民階級的美女，美女的父親是護民官，所以她終究還是平民。在「十二銅表法」中規定貴族與平民不得通婚。

在無法通婚的情況下，克勞狄斯仍一心想將這名女子占為己有，因此只有將她收為情人或奴隸一途了。於是，阿庇尤斯．克勞狄斯便趁女子任護民官的父親上戰場不在時，找來一名手下，要他四處放風聲，說美女是一名女奴的後代。由於奴隸的身分世襲，奴隸的後代也歸主人所有，所以阿庇尤斯．克勞狄斯就因此成功地虜獲了這名心愛的女子。

女子的父親得知這件事後，立刻趕回羅馬。當他找到被虜的女兒時，發出悲傷沉痛的聲音說：

「只有這樣才能給妳自由。」

然後就舉起短劍朝女兒的胸口刺去。

這件事傳出去後，不只羅馬的平民為之憤懣不平，連戰場上的平民都群情嘩然。全體平民為了抗議貴族阿庇尤斯的蠻橫無理，再度退守蒙特薩克羅的聖山。貴族們體認到事態的嚴重，於是便逮捕正率領部眾想要與平民對抗的阿庇尤斯，並將他判刑。而阿庇尤斯原是個強硬派的保守主義者，自尊心強烈，無法忍受審判這等不光彩的污辱，於接受審判的前一晚在牢中自殺。

這個事件結束後，以制定成文法為名攬獲大權的「十人委員會」因此解體；貴族階級在平民的要求下也允諾，今後政府會在徵得平民的許可之後才設置機構。這就是利用小小的反動使改革向前躍進一大步的案例之一。

平民們在抗爭中獲勝後，在戰場上也十分活躍，抵禦外侮時屢戰屢勝，可以說在軍事上獨占鰲頭。因此這個時期共和羅馬的主導權，看起來好像是掌握在平民手中，但事實並非如此。

這個時期的羅馬平民並沒有辦法像波希戰爭後的雅典平民一樣，宣布並正式由「平民派」接掌國政，讓羅馬步上民主政治之路。

羅馬的貴族

羅馬的貴族不像希臘的貴族，在新興勢力抬頭之後，就突然像過時的老古董被打入冷宮，他們仍舊保持穩固的權力。如果他們的權力來源只有土地，那麼每一個貴族勢必都會走向與雅典貴族相同的命運。然而，羅馬的貴族除了土地之外，還掌控著其他有利的籌碼。

在古羅馬人所使用的拉丁語中，有一個字叫"Clientis"，後來演變為義大利語的"Cliente"及英語的"Client"，這兩個字在辭典中的解釋分別如下：

Cliente——①主顧、顧客、常客；（找醫生或律師等的）委託人、患者、熟客；②（在古羅馬中）受特定貴族保護的平民；③幫他人跑腿者、部下。

Client——①（律師等的）委託人；②（廣告代理商等的）顧客、主顧；③（古羅馬的）受到保護的人民；（跟隨貴族的）家臣。

學者們指出，在羅馬建國之初"Clientis"（後援會員）與"Patron"的語源"Patronus"（長老）之間已有關係存在。"Patronus"就是第一任羅馬國王羅慕路斯創設元老院時所召集的一百名長老，他們同時也是貴族的起源。

這些羅馬貴族並不是靠國王或流血事件才躋身貴族之列，他們的成員是一群靠血緣、地緣或其他關係結合在一起的人，以及他們的長老，而羅慕路斯就是召集這當中的一百位有力者創設元老院。

這也難怪當身為長老的克勞狄斯決定遷居羅馬時，會出現五千多位「後援會員」跟著遷移羅馬的現象。前面提過的阿庇尤斯．克勞狄斯，就是因為當時背後有號稱全羅馬最大的克勞狄斯家族的後援會員為他的後盾，所以才有辦法用強硬的手段統治平民。此外，全族都犧牲在戰場上的法比烏斯家族，除了其中三〇六位男子是直系族人外，其餘四千人都是法比烏斯家族的後援會員。

由於羅馬的直接稅是依照不動產的收入比例提供兵力的方式課徵，因此擁有大片農牧地的大貴族就有義務提供多數的兵力，不過在羅馬並沒有花錢僱請傭兵的習慣，所以如果要實行這樣的稅制就必須有後援會員才行。

但是貴族與後援會員之間並不單純是保護者（貴族）與被保護者（後援會員）的關係，因此很難為兩者的關係清楚地下定義。

當貴族發生財務困難時，後援會員會共同協助貴族度過難關；相反的，如果後援會員出現財務危機，貴族也會出面援助。

在後援會員要創業的情況下，貴族會盡力拜託有交情的貴族給予協助；理所當然地，當貴族被海盜虜走要脅贖金時，後援會員也會為他四處奔走籌措贖金；而長老也有責任和後援會員商討他們子弟的婚姻、教育、就業、甚至訴訟問題的解決之道。

但是相對的，只要他們的長老競選公職，這些後援會員們便會集體趕赴選舉會場，也就是馬爾斯廣場。因為身為羅馬公民的他們，可是不折不扣具有投票權的選舉人呢！

而長老對後援會員應盡的職責，在「十二銅表法」中也有明確的記載，後援會員對當中的法律條文可能沒有什麼不滿，所以便一直沿用沒有再修訂新的條文。

貴族長老每天早上的例行公事，就是在用完簡單的早餐後，立刻與等候著他的後援會員進行面談。面談結束後，長老接著會見其他貴族，或是出門到元老院及官廳辦公。

長老與後援會員之間的關係比強者與弱者的關係更為密切，他們最重視的就是信義，因此「背叛」的行為被視為是最嚴重的惡行。

在羅馬作偽證是有罪的，為了防止因關係親密作偽證而被判罪的事件發生，當兩者其中一方被審判時，另一方不必出面作證。而長老與後援會員之間的關係也是世襲的。

許久以後，在凱撒渡過盧比孔河與龐培對決的關鍵時刻，發生了一則小故事：

凱撒最信任的副將拉比埃努斯，為了投靠龐培而離開凱撒身邊。龐培為此狂喜不已，不過拉比埃努斯並不是為了政治上的理想，才背棄凱撒選擇龐培，而是出身貴族的龐培所擁有的皮伽諾一帶，正是身為平民的拉比埃努斯的出生地，他們歷代祖先都是龐培家族的後援會員。

拉比埃努斯在凱撒身邊待過十二年，經歷過高盧戰役，宛如凱撒的左右手。由於他曾在凱撒身邊深刻地感受到凱撒非凡的將才，因此對凱撒、龐培兩雄對抗的輸贏結果，他的心裡比誰都清楚，但拉比埃努斯還是決定選擇保全後援會員的「信義」。而凱撒對拉比埃努斯的背叛也沒有任何譴責，反而還幫他送行李過去。從拉比埃努斯及凱撒的行為上，我們很明顯可以看出羅馬人獨特的行為模式。

羅馬貴族權力的基礎並非土地，而是土地上的人民。正因為如此，在人數上較居劣勢的貴族常需要與平民針鋒相對。不過，羅馬貴族與平民之間的抗爭並不能以舊有勢力與新興勢力互相對立的模式來說明，應該是以貴族加上後援會員的勢力與其他平民之間的抗爭來解釋會比較恰當。這也是這場抗爭需要長時間才能解決的原因。

貴族與後援會員的關係，必須有強烈的團結意識才能發揮，而這種團結意識，通常在封閉式的組織中比較容易成長。不過，羅馬的長老與後援會員的關係一點也不封閉；相反的，長老對於增加後援會員還異常地熱衷呢！

奴隸回復自由身成為解放奴隸之後，就成為舊主人的後援會員，他們的下一代在獲得羅馬公民權後，就變成擁有參政權的後援會員了。

如此一來，對有政治野心的貴族而言，不僅可以增加自己的票源，而後援會員網絡不斷地擴大，也容易使那些沒有公民權的人成為這些貴族的票倉。即使在羅馬向外擴張的時代，只要是沒有羅馬公民權的人，不管是羅馬人或希臘人，貴族都會將他們收編成為自己的後援會員。

外表看似封閉的後援會員關係，卻是使羅馬社會多方開放的重要因素，這一點倒頗值得玩味。或許這就是因為個人強烈的歸屬感，才使得國家能在各方面發展得更具開放性。

對於 "Clientis" 這個具有古羅馬共和政治時代特色的詞彙，我認為與現代「後援會員」或是「後援者」頗為類似。

而貴族與平民之間長時間抗爭的第三個因素，在於羅馬是領土型國家。

羅馬與海洋國家雅典不同，它是一個在陸上生活的國家，因此國境會與敵人相連，如此一來就很難避免防禦性的衝突發生。與雅典人相比，戰爭對羅馬人來說更像家常便飯；羅馬公民中，除了只有小孩沒有財產的無產階級可以免除象徵直接稅的軍役外，全體公民都是士兵。

而且，士兵是最清楚指揮官的能力的；因為誰都不想白白死在無能指揮官的麾下。從成年到六十歲除役為止的漫長作戰經驗，想必也讓羅馬人深刻明瞭，一支沒有指揮官的軍隊就等於沒有戰力。換句話說，他們從日常生活中體認到一個有能力的領導者對於共同體的重要性。

有一次，在執政官選舉時，平民要求兩位執政官中應該要有一位是平民出身者。而貴族卻擔心，一旦國家最高公職執政官中有一人是平民，平民的力量就與貴族一樣了，因此提議將執政官職缺從兩人改成三人，或許這樣還有二比一的可能吧！但是，投票結果當選的三人都是貴族，平民也只好承認平民階級人才的不足了。

然而，平民間人才不足的情況也逐漸解除。制定「十二銅表法」四年後，承認貴族與平民之間可以結婚的法律也跟著成立，這方面的開放也促成平民人才的養成，因為在教育制度尚未完善的時代，出身的家庭就是教育的機關。

儘管如此，西元前四四九年到前三六七年之間的八十年，羅馬仍處於摸索的狀態之中。羅馬也曾試著取消執政官職務，改由六名軍事領導取代，這也不由得讓人想起雅典在伯里克里斯時代所設立的十名「國家政治作戰顧問」。羅馬將兩個人的權力分散給六個人，大概是想要沖淡寡頭政治的色彩吧！

不過卻效果不彰。在面臨必須緊急統一指揮系統的時候，羅馬仍有任命獨裁官的情況。如後面將敘述的卡米爾斯就曾擔任過五次的獨裁官。

但不久後，羅馬就結束了這種制度。而在希臘方面，西元前四〇四年，雅典在伯羅奔尼撒一戰敗給斯巴達，希臘因而進入斯巴達霸權時代。而雅典國內在失去伯里克里斯，又吃了斯巴達的敗仗後，走進了混沌的局勢之中；在西元前三九九年，處死蘇格拉底。雖說當時發展中的羅馬正處於「摸索」階段，但先進國家希臘卻也一樣在混亂中「迷失」。

高盧人入侵

南歐平原很早就被開發為耕地或畜牧之用，海上也經常有載滿商品的船隻往來其間；而此時的北歐，卻還只是一片茂密的森林。當時居住在北歐林地裡的居民叫做高盧族，「高盧」這個名字是希臘人取的，羅馬人則稱他們為加里亞人。高盧族古時候居住在歐洲最廣大的地區，如今只殘存在愛爾蘭一帶。

到了快西元前六世紀時，高盧人才開始遷移；但他們並不是一下子全部搬動，而是像波浪般一波波地由北開始向東西南方移動，最北邊的民族將周圍的部族往後擠，被擠出去的部族再將外側的部族往後擠，這樣漸漸地向東西南方侵入。於是，被擠到南部的高盧人，便越過阿爾卑斯山脈，定居在今日的梅拉諾至波河流域一帶。

高盧人剛開始並沒有對羅馬人造成威脅，因為在羅馬與高盧之間橫隔著亞平寧山脈，而且當時伊特魯里亞的經濟、技術及軍力都還很強，勢力範圍頗為穩固。

但是沒多久之後，羅馬便廢除伊特魯里亞裔的國王，實行共和，這件事導致羅馬與伊特魯里亞之間的關係化友為敵；當然伊特魯里亞的勢力大不如前也是它們互相敵對的另一個原因。對於此時正在走下坡的伊特魯里亞與不斷前進中的羅馬，我們不妨交叉地進行思考。

這個時期，在義大利南部確立勢力的希臘殖民地與二分義大利半島的伊特魯里亞勢力，很明顯地改採守勢。伊特魯里亞各都市所締結的同盟，雖然集合了所有同盟國的軍力，但卻無法統一指揮系統，使得同盟在軍事方面沒有辦法充分發揮作用，因此伊特魯里亞建在山丘上理應可以萬全禦敵的各個堅固城塞都市，就被羅馬一一擊破納入勢力範圍。相反的，羅馬人卻深知指揮系統的統一是最重要的事。

羅馬在運用拉丁同盟結合民族之間的戰力上，與伊特魯里亞的作法很相似。但羅馬人是以羅馬兵作為聯合軍隊的主力中隊，左右兩隊才是盟軍的士兵，而且在戰利品的分配上也採取公平分配的原則，只有在最高司令官一職上堅持必須由羅馬全權掌控。而當時在許多方面都比羅馬出色的伊特魯里亞，唯一遜於羅馬的地方就在於同盟國之間有欠協調以及同盟指揮系統的不統一。

羅馬以個別擊破的手法破壞伊特魯里亞的勢力範圍，然後又親手將用來防止高盧人南下的防波堤——威伊破壞殆盡。西元前三九六年，羅馬終於攻克伊特魯里亞強大都市之一的威伊。由於這是十年辛勞所換來的勝利，所以羅馬舉國歡慶。然而就在慶祝的同時，羅馬國內的抗爭再度展開。

這個時期的羅馬，每次剛開始與他國打仗，都是舉國一致抗敵贏得勝利；但只要戰爭一結束，貴族派與平民派之間的衝突便又立刻再度復發。所以威伊攻克戰後，也只不過是這個慣例的再度發生。但這時候，平民派提出了一個新的提案。

平民提議可以將剛剛攻克的威伊，與羅馬並列為第二個首都。他們會有這個提議，一來是看上威伊街肆的宏偉氣派，再來是想藉此壓制羅馬的貴族派。

貴族派反對將威伊列為羅馬第二首都的提議。此派反對人士中，以曾經擔任過十年獨裁官，並且為威伊攻克戰劃下休止符的卡米爾斯為激進先鋒。卡米爾斯認為，羅馬是因為有棲住於此的眾神守護才會有今天；如果同時有兩個首都，豈不形同捨棄住在羅馬的眾神，而且這麼做也不會為羅馬人帶來任何好處，因此他堅決反對。

而平民派的態度也很強硬，因為他們想以威伊作為根據地，覺得威伊是一塊絕佳的地方。威伊距離羅馬只有二十公里遠，而且它是由技術精良的伊特魯里亞人所建的都市，整個城市堅固到即使歷經攻克戰，還仍舊完好如初。

不過，卡米爾斯並沒有放棄他的堅持，這個威伊攻克戰的首要功勞者，更加堅決地反對。平民派方面眼看無法以正面衝突獲勝，便決定以威伊攻克戰所得的戰利金去向不明為由，舉發卡米爾斯。

其實卡米爾斯是為了兌現自己在攻克戰前夜所發的誓願，而將戰利金送到希臘戴爾菲的阿波羅神殿，作為感謝神祇保佑他打勝仗的貢獻金，因此這筆錢並沒有去向不明。但因為卡米爾斯沒有將這件事情告訴別人，所以事件才會變得曖昧不清。

在沒有陶片流放制度的羅馬，檢舉是排擠政敵時最常使用的方法。羅馬的權貴要人，通常可以將法律條文倒背如流，如果說他們這麼做是為了從舉發中全身而退，真是一點也不為過。

卡米爾斯也是這些人當中的一個。

當卡米爾斯的獨裁官任期結束時，他也同時失去了免責權。這時的他只是一個普通的公民，平民派便趁這個機會去舉發他。

卡米爾斯召集了幾位重要的後援會員到自己的家裡，商談舉發事件的解決對策，後援會員對卡米爾斯表示說，如果只是罰款的話沒問題，但是他們沒有把握可以拉到足夠的票數打贏官司。

曾參加威伊攻克戰的平民，對擔任司令官的卡米爾斯是又敬又恨；他們雖然賞識卡米爾斯的武將才能，但卻始終無法忘懷整個冬季都被卡米爾斯強迫宿營在外一事。從前的羅馬軍通常只有夏季才出征，卡米爾斯為了想一舉攻下威伊，竟強迫羅馬士兵進行破天荒第一遭的冬季戰。仗雖然打贏了，但在勝利的喜悅消褪後，士兵對卡米爾斯卻只留下惡劣的印象，也因此使得卡米爾斯在平民間的評價跌落到谷底。

卡米爾斯在與後援會員商談過後，決定逃亡到國外，因為在羅馬自發性離國是無罪的。於是卡米爾斯便在深夜祕密地由後援會員護行，逃離羅馬城；而他未出席審判的結果是，被判處罰款一萬五千亞西。

後來羅馬在總司令官懸缺、軍隊又有半數士兵脫隊的情況下遭逢不幸，於是所有的平民終於開始光明正大地遷移到威伊去。

西元前三九〇年夏天，高盧人越過亞平寧山脈南下，同時一面攻打位於進軍路線上的伊特魯里亞各都市。

羅馬人早已耳聞高盧戰士的勇猛，高盧人的主要武器是劍和槍，手持木製皮革包覆的盾牌，頭戴銅製頭盔，並習慣在頭盔上裝飾羽毛以區別軍階。他們的戰鬥部隊是由騎兵、步兵與戰車組成，所採取的攻勢是先以戰車攻破敵陣，接著再由騎兵及步兵出動攻擊，戰士當中也有一部份會在開戰時脫去衣服，全身只留下脖子和手腕上的金鍊子加入作戰。

高盧人殺死敵軍後，習慣將他們的首級砍下來，掛在自己的馬頭上；等戰爭結束回到家裡，再將那些人頭拿下來油炸，用以招待上賓。

這個民族在西元前三九〇年，鎖定羅馬為侵略目標。遭到高盧人襲擊的伊特魯里亞都市丘吉遣使到羅馬請求派兵支援，但因羅馬本身已岌岌可危，所以沒有出兵救援丘吉。

丘吉與羅馬之間僅相隔一百二十公里遠，中間毫無山脈與河流阻隔，唯一可以視作防波堤的威伊，也早就被羅馬消滅了。

羅馬舉國陷入一陣恐慌當中，於是指揮防衛部隊的波庇利烏斯．雷納便鼓舞羅馬人道：

「我們這次面臨的敵人是一群兇殘無道的野獸，他們不像拉丁族或薩賓族，會在戰後成為我們的同盟國；我們如果不殺他們，他們就會滅我們。」

然而，響應雷納的呼籲募集而來的軍隊，編組得太倉促，而且人數也太少了。西元前三九〇年七月十八日，羅馬很快就敗給在臺伯河上游迎擊的敵軍，殘敗的羅馬士兵一時向四面八方逃逸無蹤。

據說當時羅馬城牆的大小城門通通大開著，所以高盧人便順利地進駐毫無防備的羅馬城，羅馬開始進入長達七個月的蠻族占領期。

羅馬發覺要舉國對抗是不可能的事，於是便帶著年輕人及壯丁撤退到羅馬七丘之一的卡匹杜里諾丘上，這座山丘是七丘中最高、最容易防守的，但卻也是最狹小的，所以無法容納太多人。卡匹杜里諾丘又叫做甘比德利歐，山頂上只蓋有供奉朱比特等神祇的神殿，以及附屬建築。這座山丘三面都是陡峭的山崖，有利於防禦，對羅馬人而言，是一塊不可多得之地。他們認為，如果敵人攻上這裡的話，那羅馬就真的沒救了。

由於能夠撤退的人數有限，所以勢必有人沒辦法跟著逃難，老年人中只有元老院議員可以跟著撤退；而婦孺方面也只有丈夫可以撤退者才能跟隨一起逃難，其他的人只有將命運交給上天了。

高盧人在無人反抗的羅馬城中恣意暴虐，不分男女老少地到處燒殺虜掠，神殿、元老院、平民住宅、市場等皆被放火燒盡。而撤退到卡匹杜里諾丘上的男人們，卻只能隔著山丘遠望這番殘酷的景象。

這是羅馬人從建國以來初次嘗到的最大恥辱，雖然也曾經有敵人入侵至臺伯河西岸，但從未有人涉足過位於臺伯河東岸的七丘及羅馬廣場；西元前三九〇年夏天的高盧人入侵稱得上是有史以來的首例。附帶一提的是，當羅馬再度被蠻族入侵時，已是在高盧人入侵的八百年後了，當時正值西元四一〇年羅馬帝政末期。

羅馬人最重視的德行就是名譽，高盧人的入侵深深地傷害到羅馬人的名譽心，這個傷害大到連他們擊退了屢次想要強行占領甘比德利歐的敵人也不足以彌補。而羅馬淪陷時，有能力組織新軍奪回羅馬的卡米爾斯正被羅馬人放逐在外；那七個月間，他只能遠遠地袖手旁觀。

對羅馬人來說有一點還算幸運，就是高盧人雖然是優秀的戰士，但卻不是都市人；他們在占領羅馬後，竟然不知道要如何利用羅馬的都市資源。

他們將屍體丟入水道中，使得水道裡的水無法飲用；他們以放火燒毀倉庫為樂，使得放在倉庫中的小麥全部報銷；後來不曉得是不是因為屍體處置不當，引發了瘟疫，每天都有高盧士兵死亡，於是他們開始對這種都市生活感到厭煩不耐。

而被困在卡匹杜里諾丘上的羅馬人則飽受飢餓之苦，與高盧人一樣面臨窘境。

羅馬人因此向高盧人提議，以贖金作為交換羅馬的條件，要高盧人撤離羅馬，這樣的提議無異讓羅馬人醜上加醜，更加沒面子，但已別無他法了。高盧人拿到三百公斤的金塊後，終於離開占領了七個月之久的羅馬。

羅馬人在蠻族離去後所做的第一件事，就是召回卡米爾斯。之前流亡在外的卡米爾斯雖然對祖國的慘遇深感同情，但他沒有接到歸國命令，根本不能回國。後來，他接到歸國命令的同時，也收到了獨裁官的任命通知，這是他第二次擔任獨裁官。

他利用獨裁官的權限，召集遠至威伊的平民組織軍隊，並率領這批羅馬軍去追擊正在回北方途中的高盧人。然而羅馬在這次的高盧人入侵中所受的傷害之深，並不是這種程度的復仇就可以平復得了的。

羅馬人立刻開始著手都市的重建工作，平民也不再要求要以威伊作為首都。他們相信，羅馬之所以會遇到這種慘事，是因為羅馬的守護神氣憤羅馬人竟然要捨棄眾神所居的羅馬，所以才利用高盧人來懲罰他們。卡米爾斯曾說過：「拋棄羅馬者不配做羅馬人。」這句話更是深深烙印在曾遭高盧人襲擊的羅馬人心裡。

所以，只要全體公民團結一致重建羅馬，高盧人入侵的傷害應該很快就能恢復。但因為鄰近各部族已相繼背棄了羅馬，拉丁同盟也已經解體，昔日的同盟國變成了想藉機滅掉羅馬的敵人，所以一直到羅馬重新站起來為止，共花了四十年的時間。在羅馬建國三百六十年後，也就是實行共和的一百年後，羅馬人一切都必須從零開始。

西元前五〇九年共和政權剛樹立的時候，羅馬也曾被迫要重新恢復王政時代的同盟關係，但那是為了因應政體改變與脫離伊特魯里亞等新演變所採取的對策，而不像西元前三九〇年是因打敗仗所致。

總之，羅馬被高盧人占據一事，在當時是連希臘都知道的一件大新聞，所有的人都知道羅馬的慘敗事蹟；也因此西元前三九〇年的東山再起，要比西元前五〇九年時困難得多了。

但是為什麼羅馬可以變得比雅典、斯巴達、迦太基更強大呢？撰寫羅馬史的希臘人波力比維斯認為，西元前三九〇年的高盧人入侵事件，是致使羅馬強大的第一步。常言道，跌落谷底最後一定會再爬起來，但因此一蹶不振的民族也不少。羅馬人雖然在西元前三九〇年跌入谷底，不過他們還是很有羅馬精神、腳踏實地的慢慢爬起來。

希臘的衰退

話說西元前三九〇年受到高盧人入侵重大打擊後的羅馬，終於不再躊躇，而開始有所動作了。

羅馬人在西元前五世紀中葉，迎回從希臘視察歸國的三名羅馬人後，既沒有學習斯巴達的經驗，也沒有仿效雅典。他們當時一定是還沒訂出如何去蕪存菁活用兩國體制的策略，因此時間也就一如往常地在平民與貴族的抗爭中流逝。

八十年的摸索時間，說長其實不長，這期間的羅馬，每年都被迫要為自保而戰。高盧人的入侵，讓羅馬人意識到本國力量的不足，同時也為羅馬指引出一條增強實力之路。西元前三九〇年以後的羅馬人，已經可以認清自己的方向，也知道如何避免無謂地耗費活力。

讓羅馬人不再猶豫的主要原因是他們在精神與物質上都因高盧人而受到相當程度的迫害。而同時期的希臘局勢演變，當然也讓羅馬學到了不少。

西元前四三一年，雅典與斯巴達發生正面衝突，於是展開了伯羅奔尼撒戰爭。戰況之初由雅典占優勢。

西元前四二九年，戰亂中的雅典遭瘟疫襲擊，剛於前一年失勢的伯里克里斯，不幸染患疫疾病逝。伯里克里斯死後，寡頭派與民主派之間再度展開激烈的政爭，雅典從此進入所謂的眾愚政治時代。

雖然此時期名之為眾愚政治時代，但並不表示當時雅典國內沒有從政的人才，像尼奇亞斯、阿爾希比亞德茲、克里提亞斯等，都是當時雅典政界中極具影響力的優秀人才。但是他們卻缺乏伯里克里斯的政治才能。那種能夠長達三十年成功地讓人民以為人民是國政的主宰，使自己免於陶片流放的對待，在實現政局安定的同時又能將雅典帶往自己所規劃方向的政治才能。阿爾希比亞德茲與克里提亞斯都是蘇格拉底的學生。因此，我認為眾愚政治時代並不是人才不足所導致的結果，而是制度本身構造上的缺陷所造成的結果。

有時候，我也會有一股衝動，想要寫一部題名為《蘇格拉底的學生們》的作品。歷史上最具魅力的叛徒——阿爾希比亞德茲。

被喜劇作家亞里斯特法尼斯在劇中揶揄，仍能笑而觀看的雅典寡頭派強權政治的先鋒——克里提亞斯。

背棄雅典，投靠馬其頓的悲劇作家——亞加松。

波斯武將，同時也是當時首屈一指的寫實主義作家——贊諾芬。

對只知逃避的雅典感到厭煩，因而遁入學問世界中的思想家——柏拉圖。

上述的每一位都是蘇格拉底得意的優秀門徒。

緬懷蘇格拉底與弟子們的生活方式，就令人想起光輝的雅典城邦。西元前三九九年，雅典審判蘇格拉底的事件中，原告曾說了以下的話：「他根本不尊重國家認同的神祇，毒害了雅典青年。」就「毒害雅典青年」這一點來看，當時贊成蘇格拉底判死刑的雅典公民的想法，也許並不像我們後世所想的那樣簡單。在當時留下很多優秀作品，並被大家認為是行動家及希望之光的蘇格拉底學生，在雅典逐漸走向下坡之際，並沒有人挺身維護雅典；相反的，他們所做的事，反而加速雅典的衰亡。

這種現象，究竟該歸罪於時代？還是超越時代的偉人本身的卓越，讓他不自覺自己散播的是毒害呢？

當然，這並不是蘇格拉底個人的責任。不知道為什麼，欽慕偉大人物者，不少人都是只取導師教誨中自己感受最深的片面，然後奉之為人生唯一圭臬，忘了所有的事都是一體兩面，也忘記真正的生活方式是要取得表裡兩面的平衡。

不過，這或許是偉人的宿命吧！如果早那麼想的話，對蘇格拉底的死刑，就不會有人投贊成票了。

附帶一提，不知是否因為伯里克里斯比蘇格拉底年長二十五歲，所以伯里克里斯並不熱衷於與這位公認的希臘哲學天才交往，原因或許是，一個是對人民的判斷力不抱期望的政治人物，一個則是以提升人民判斷力奉獻一生的哲學家。

西元前四〇四年，伯羅奔尼撒戰爭由斯巴達獲得最終的勝利。無法想像的是，身為海軍國家的雅典，與陸軍國家的斯巴達在這場長達二十七年的戰爭中，竟然在海戰上敗北，不名譽地結束這場戰役。進駐雅典的斯巴達軍隊，廢除雅典的民主政治，改行寡頭政治，並拆除綿延至皮留斯港的城牆。贊諾芬將當時的情景寫了下來：

「好像是一件值得高興的事一樣，在音樂的伴奏中拆除城牆，好像這一天是希臘重獲自由的開始。」

而「這一天」，正是希臘失去自由與獨立的開始。

斯巴達霸權時代開始的這一天，成了雅典、斯巴達、甚至是全希臘失去獨立與自由的第一天。

不過，取代雅典而起的斯巴達霸權也沒有維持太久。斯巴達靠著強大的軍事力成為強國後卻無法持續霸權的原因是，斯巴達人的腦子裡沒有接納敗者的生活哲學，因此斯巴達人的生活型態根本無法外傳給其他民族，外國人更感受不到「斯巴達式」的魅力。而且如果壓制這些外國人，只會加深社會的封閉，並無好處。而只有一萬兵力的斯巴達戰士也顯得人力不足。

西元前三七一年，斯巴達的霸權被底比斯取代，但底比斯的霸權也只維持了十年，這期間的雅典雖然仍是首屈一指的經濟文化大國，但政治的紊亂局面已使它無力繼續領導希臘，城邦的光榮歷史因而宣告結束。

西元前三六二年，希臘的主導權落入實行王政的馬其頓手中。

西元前三五六年，亞歷山大大帝誕生於馬其頓。

當時的羅馬，對這些有關希臘的情報都瞭若指掌，並不是因為羅馬在希臘設有情報機關，而是情報很快地透過通商道路傳到羅馬。而且古希臘也有所謂的戴爾菲 (Delphi) 神諭，那就是在戰況進展得不順利時派使節去請求戴爾菲的神諭。因為在地中海世界中，戴爾菲神殿的神諭是最靈驗的，常有來自四面八方的不同民族到這裡祈求。使得戴爾菲神殿成為最好的情報交換中心。所以希臘人會知道羅馬遭受高盧人的侵襲，而羅馬也了解希臘城邦瓦解的過程。

從這些事情中羅馬人知道一件事：不論是雅典或斯巴達城邦都是不長久的。如果只從表面現象觀察羅馬，會認為它是一個只會模仿其他民族的國家而已。實際上，羅馬卻像一個大熔爐一樣，從不同的民族學習到很多不同的事物。

羅馬重振

在專門研究羅馬史的學者中，以英國學者最注意羅馬人發現問題的能力及決定解決問題的優先順序。看來，英國人在稱霸世界時所培養出的政治敏銳度，即使是學者也無法不耳濡目染。而這些英國學者對西元前三九〇年以後，羅馬人所需要解決的課題先後順序排列如下：

第一，除了要重視防衛，也要重建被破壞的羅馬。

第二，與叛離的舊同盟諸國戰爭的同時，也要確保國境的安全。

第三，化解貴族與平民彼此間的對抗，尋求社會安定與凝聚國家共識。這一項當然意味著政治上必須作改革。

接受高盧人的屈辱條件，繳納贖金的羅馬人，終於在睽違七個月後，回到了羅馬。他們首先著手進行被破壞的市街重建，將圍繞在七座山丘的城牆打掉，從採石場運來邊長一公尺以上的石塊，建構成全長八公里的城牆，在重要地點設有崗哨，並派兵駐守。蠻族的行動向來難以捉摸，不能不防範高盧人下次可能來襲。

接著開始建立下水道，在下水道的上方使用長方形的鋪石，並且開始鋪設新的道路。當然，神殿的重建也馬虎不得。為了不再起爭議，羅馬有必要將神祇的歸屬劃分清楚。傾全力投入所有公共建設的羅馬政府，由於無暇顧及私人建設，交由人民全權處理的結果，急於重建的羅馬人竟然將整個街道蓋得沒了章法。當時造訪羅馬的希臘人就很不客氣地說，連個公共設施與住宅的區域劃分也沒有！這樣的羅馬，一直要到西元前四世紀後半，才有餘力改以政治戰略的眼光，建設像是阿庇亞大道、克勞狄斯水道等等設施，擺脫了此時只是從行政觀點出發的格局。而那時，也是他們完全克服了「高盧震撼」的時候。

不過，雖然完成了堅固的防禦，但最好的防禦還是攻擊。這個時期對羅馬而言，可說是天時地利人和。

西元前三九六年，馬克斯．弗利烏斯．卡米爾斯是一位有威伊攻略戰績的將軍，他背負著對於高盧人入侵後防衛羅馬的重責大任。普魯塔克對於卡米爾斯有以下的評語：

「沒有一個人像他一樣，既能長期高居軍隊的指揮官，戰績又輝煌。不過，他五度被提名為獨裁官，四度舉行凱旋儀式，被譽為是繼羅慕路斯之後的建國者，但是卻一次也沒被選上執政官的經歷，同樣也非常奇特。

這其實是反映了當時的情勢。和元老院衝突不斷擴大的平民階級，寧可選出六名軍事指揮官，也不願選舉人數只有兩名的執政官。雖然兩者行使的權限沒有什麼不同，但同樣是寡頭政治，行使的人數愈多，至少看起來比較民主。」

也因此，卡米爾斯一次也沒有當上執政官。直到卡米爾斯去世前一年，羅馬才又恢復執政官制度。

但是，就算是出生於執政官制度還能作用的時代，依卡米爾斯的個性，與其成為必須互相協調意見的執政官，不如當一個獨大的獨裁官比較適合他的本性。

卡米爾斯雖不能說是系出名門，但也算是羅馬的貴族。他是一位公正、有信義、具備辨識能力、長遠眼光，同時也有組織能力及實行能力的優秀人才。此外，在以武力展示羅馬的實力後，對羅馬的手下敗將，也有寬大的胸襟，毫無狂妄的性格。而對叛離的舊同盟部族，也張開雙臂讓他們回來，顯現他寬大為懷的個性。

不過，他的個性有一個特點，就是他會不顧後果，明白說出他所相信的事。例如他曾經反對主張將威伊改成首都，而被平民控告，不得不流亡海外。像他這樣光明正大述說自己意見的人常會被排擠，所以他並不是那種會在公民大會中被選上的人。

幸運的是，在西元前四一〇年到前三六〇年，也就是由六人軍事指揮官代替兩位執政官的時期是他的輝煌時代。因此，當六人的意見不一致，沒有多餘的時間整合意見時，就得任命獨裁官，而這正是卡米爾斯所能發揮之處。

擔任過五次獨裁官的卡米爾斯最輝煌的成就便是他常勝的戰績，這也使得羅馬人重拾自信，因為放眼鄰近部族，沒有人敢入侵羅馬境內。

卡米爾斯為了戰勝，曾模仿高盧人的戰術，將羅馬軍的陣形改為像高盧人較機動的形式，也就是從過去軍團大長方形的突擊戰術，改為小方形的中隊突擊戰術。再者，他為了長期抗戰，也重視建設堅固的宿營地。攻擊方法也從以前的以蠻力壓制，改為因敵制宜，隨時變化，因此較具彈性。至於武器及裝備，也都加以改良。

這樣的改善方式，讓他獲得了四次凱旋歸來的光榮戰績。如果只是些微的勝利，是不會有凱旋歸來的儀式，因此這四次都是大勝敵軍的壓倒性勝利。對羅馬人而言，只要有一次凱旋式，就代表著一生的榮譽，所以這位戰功彪炳的將軍有著四匹白馬為前導的凱旋式是一點也不為過。如果可以軍事解決問題的話，「高盧震撼」之後的羅馬就能藉由卡米爾斯的功績，回到「高盧震撼」之前的狀態。但是，對於軍事無法解決的問題，不受傳統局限的辨識能力就比什麼都重要了，所以根本的改革就是要隨時更換適合的負責人選，才能完美地解決當前的問題。

政治改革

歷史學家李維斯認為，羅馬的政治體制是其強大的首要因素，理由是：

「我們一般所熟知的政體有三種，就是王政、貴族政治與民主政治。如果你問羅馬所實行的到底是這三種政體中的哪一種，恐怕沒有一個人答得上來。

王政是以執政官為一國之首；貴族政治則首重元老院的運作；而民主政治則將焦點放在公民大會上……羅馬的政體，正是這三者的組合。」

文藝復興時代的政治思想家馬基維利認為，上述三種政體的總和是最接近理想的政治體系。

高盧人入侵事件過了二十年之後，暫時的應急對策也告一段落。雖然有點混亂，羅馬還算是適合人居住的都市，外敵已經被驅除，國境也平安了。卡米爾斯花了二十年的時間，將「高盧震撼」所造成的嚴重傷害暫時平復。

真正的問題從現在開始。貴族與平民之間的抗爭雖然因為國家面臨存亡危機而暫時平息，但危機解除後，抗爭卻有復燃的跡象。這種戰時團結、戰後國內紛爭又起的情形，儼然成為共和時期的常態。

對蠻族的入侵毫無招架能力，最主要的原因就是國內處於這種常態下所致，這是經歷過高盧人侵襲事件的羅馬人所不能原諒的事，或者說羅馬人應該更能體會箇中滋味。而且，這時候與八十年前制定「十二銅表法」的情況不同，西元前四世紀前半的羅馬人已有可以進行徹底改革的條件：

第一個條件是：希臘城邦的衰退。這件事使得原本只會與平民對立的頑固保守派了解斯巴達封閉社會的壞處。同時，也讓一心追求權利的激進平民階層看到雅典過度民主的缺點。

第二個條件是：平民階級的實力在質的方面向上提升。

從西元前四四五年貴族與平民間可以通婚，它的影響也在這時開始明朗化。平民階級人才輩出，例如卡米爾斯擔任獨裁官時，因為可以任命副官，所以開始提拔平民出身的將軍，而在當時領導軍團就如同領導國政，下了戰場就換成在國政上發揮能力，在當時是很自然的發展。像是平時予人平和印象的伯里克里斯，只要雅典一有戰事，也是立刻以司令官的身分參戰。所以說，戰略也就是政略，不，戰略必須是政略才行！

西元前三六七年，羅馬制定劃時代的「李錫尼法」。

此法廢除了羅馬的六名軍事指揮官，恢復雙執政官制度，此後的羅馬很明顯地走向寡頭政治路線。

而且，共和政府也決定開放平民任職全部的要職。

這是一個賢明且經過深度觀察所下的決定。

至此，平民階層所要求的是國家要職需由貴族與平民共同擔任，例如兩名執政官中必須有一人是平民。訂定「李錫尼法」的李錫尼是平民出身，贊成將這個想法法制化的貴族階層，也選擇了全面開放的作法。

這雖然是很棒的一件事，但如果官職只有貴族與平民之分，那不是違反了機會均等的原則嗎？為了消除差別所實行的手段反而更容易弄出問題。一件事情以二分法區分，很容易出現雙頭馬車的情形。兩派的利益代表會不斷的敵視對方，使得羅馬國內分裂為兩個政府，這樣便無法有效地運用全部的國力，更談不上是政治改革，而且抗爭的火苗也會一直潛伏在羅馬。

雖然如此，西元前三六七年，羅馬人還是決定要全面開放。全面開放的意思就是自由競爭，而選舉的結果，有時兩名執政官皆為貴族或是皆為平民。自由競爭的結果使得雙方都不會不滿，而且這樣的作法也消除了利益代表的制度。

這也是在「李錫尼法」頒布數年後完成的一項法令。

無論貴族或是平民，只要擔任過重要公職，就有權利取得元老院的議席，原本擔任保護平民階層的護民官也可以在卸任後成為元老院議員。而勞動組織的委員長，在卸任後也可以進入管理階層。

受過法國大革命洗禮的現代學者，有不少人對於「開放元老院」這個決議有所批評。他們認為這是將護民官納入體制中，羅馬人的政治意識與實行民主政治的雅典相比，顯然不夠明確。

但是我認為由一群不經選舉，卻具備絕佳經驗及能力的人所組成的機制是共和政治不可欠缺的。對於一個成員每年選舉一次的執行機關來說，後頭必須要有一群不受選舉束縛，能夠以長遠的眼光思考一貫政策的人。

西元前四世紀中葉，羅馬共和的元老院已不再是貴族的獨擅之地。元老院議員的經驗與才能比出身背景更重要，元老院變成純粹的優秀人才集合地。

此後的羅馬不再實行貴族政治，而是很明顯地選擇寡頭政治作為它的政體路線。所謂的貴族政治是指由少數名門貴族統治多數人的政體；而寡頭政治雖然一樣是由少數統治多數，但這少數卻不一定是貴族。

西元前三六七年——制定「李錫尼法」。

西元前三六六年——選出最早的平民執政官。

西元前三五六年——最早的獨裁官誕生。

西元前三五一年——選出最早的平民財務官。

西元前三三二年——選出最早的平民法務官。

西元前三二二年——禁止剝奪無法償還債務者的自由。

這個世紀末，負責祭祀羅馬守護神的官職，也出現了平民階級的官員。

雅典與羅馬的權力結構一樣都是兩極化。

雅典是由寡頭派和民主派這兩極化的權力輪流執政，這兩者可以算是雅典的兩大政黨。

因此，政權交替時，陶片流放制度便成了排擠人才的最佳手段。不過，即使沒有陶片流放制度存在，政權交替多多少少還是會造成人才「失血」。

反觀羅馬，貴族與平民就沒有輪流執政，舊勢力拉攏新興勢力的情形屢見不鮮。

羅馬的政治模式不僅可以避免政權交替時的人才「失血」，而且還有注入「新血」的好處；總之，它是一個更懂得善用人才資源的政治體系。

但是這個體系也有缺點。由於改革的成效必須長時間才能看得出來，因此國家在改革期間必定要努力地去維繫住每個人的認同感。羅馬在保留護民官制度這一點上就做得很好，因為在平民眼裡看來，護民官的存續無異表示自己仍能繼續反映意見；再者，由於護民官卸任後可以在元老院占有一個終身議席，因此在處理問題上不會無意義地尖銳化。

第二個缺點就是，即使當權者已經成功地將新興勢力納入自己的體制內，但往後還是不斷地會有其他新興的勢力抬頭，不能坐視不管，如此一來，當權者將永遠難以擺脫攏絡的宿命，一直到西元前一世紀為止的三百年間，這種「拉攏方式」仍舊多多少少地在運作著。

即使如此，兩大政黨或許仍如我們所相信的是最好的政治體系，因為現代壽命最長的組織天主教會就是承襲攏絡作法的典型組織，每當有新興勢力出現，經常都會被教會最高首長羅馬教皇所拉攏。

羅馬廣場是古羅馬的中心，在現今的羅馬市街仍然可見它的遺跡。從圓形劇場的方向進入羅馬廣場，步上古時候的聖道，最後便可以到達康克蒂雅神殿(Aedes Concordiae)，這座蓋在羅馬上等地帶羅馬廣場的神殿，如今連一根柱子也沒有遺留下來。當初會在西元前三六七年蓋它，是為了要紀念「李錫尼法」。

康克蒂雅神殿的名字本身，有一致、調和、融和、協調的意味存在。貴族階級和平民階級因為「李錫尼法」而消弭了彼此之間的敵意，之後兩者便共同建立神殿，立誓要一致、調和、融和、協調地為羅馬而盡力。

神殿是為了供奉女神康克蒂雅而蓋，目的是為消解階級鬥爭。面對羅馬人這種連國內的融和都可以神格化的多神信仰性格，我們只能微笑以對，但這不也正好傳達出西元前三七六年時羅馬人在「李錫尼法」上孤注一擲的氣概嗎？

田中美知太郎先生，將柏拉圖的 "*Πολιτεια*" 譯為「國家」，據說希臘語的 "*Πολιτεια*" 有城邦的規模、組織、制度的意思，因此譯為「國家」是正確的。

而古羅馬則將 "*Πολιτεια*" 譯成 "Res Publica"，拉丁語 "Res Publica" 後來演變為英語的 "Republic"，有共同體或公共的意思，同時更進一步地代表非君主政體的國家，因此 "Res Publica" 也是正確的譯法。

但將 "Res Publica" 譯為「共和」或「共和國」，已成為今日的定本，雖然我也使用「共和」這個譯詞，但總覺得不太合適，還是覺得譯為「國家」比較好；但如果有人認為「國家」不夠貼切，至少也該譯做「公益」或是「國家利益」吧！「共和」的譯法雖不能說是錯誤，但卻語意不清。

因為“Res Publica”是重視公共利益的意思，而且重視公共利益也是大家都能接受的想法。但是要如何實現，就不只是說說就可以了。這必須由歷史來證明；不，應該說是歷史本身雖然有共同的目標，但因為手段無法一致，而使得人類有種種遭遇。

不過，為何實現的手段會互相對立呢？他們的主張大致可分為兩種：

第一種就是「民意優先派」。認為主權在民，所以必須將國民的意思反映出來並達成公共利益。古代希臘及羅馬雖然沒有主權在民的詞彙，但都是以公民為主體的城邦國家。要如何反映民意，就成為他們重要的課題了。

第二種就是「公共利益優先派」。認為公共利益比任何事都重要，民意的反映必須對公共利益有好處。也有人說第一派屬於人性本善說，而第二派則是主張人性本惡。

美國現在的兩大政黨雖不能說完全是這個涵意，但就名稱來看，民主黨及共和黨都承襲這二項傳統。民主黨就是「民意優先派」，而共和黨就是「公共利益優先派」。

在古代，民意優先派稱為平民派；公共利益優先派稱為貴族派。不過，所謂貴族只有在最初是指天生的貴族，到了後來則是意指能力優於眾人的人，也就是菁英份子。因此以前者為政體稱為民主政治，而採取後者的政體則被稱為寡頭政治。

雖然可簡單地劃分為兩類，但實際情況並非如此。

在人類發展的文明史中，偶爾會有較富前瞻性的人出現，他們因為能預見未來，所以知道現在要做什麼。但是如果只是知道，就只是一個有眼光的人。要能看見、了解再加以實行的，就需要具備權力。馬基維利也曾說：「沒有武器的預言者將自取滅亡。」特洛伊的公主卡桑德拉預見特洛伊將會被希臘滅亡，雖然努力地向特洛伊人說明防止的政策，但是卻沒有人相信她。如今，在歐洲，相信說服就能使人聽從的人，便稱為「卡桑德拉」。

取得權力後，就必須洞察時代潮流，建構適當的權力。如果潮流在民眾，他就要成為民眾派的領導；如果民主政治遇到阻礙，他就必須是寡頭政治的領導。權力對他們而言，不是目的，而是不可或缺的手段。

西元前四世紀後半的時代潮流，是希臘民主政治瓦解，對寡頭政治有利的時代；要不然就像馬其頓一樣，實行王政。但是羅馬人討厭王政。因此羅馬實行的既不是王政政治，也不是民主政治，而是要以羅馬人的方式將公共利益向上提升的共和政治。

羅馬的政體

講述古羅馬通史的歷史書，在解釋共和政治體系時，都習慣以圖表來表示，這樣雖然易於了解，但我並不使用這個方法，因為我覺得用圖表根本無法反映出當時羅馬的現況。

羅馬的共和政治是將王政制度的三大支柱——國王、元老院、公民大會，三者之一的國王以兩位執政官取代，其他官職必要時才設立。

而對政體有相當研究的學者們，在解說共和初期的這些官職時，還會一一說明官職的背景、到職年、中斷年、重新設立的年分等演變，但這可能是以西元前五〇九年做分水嶺，因為現在已無正確的記載了。西元前五〇九年，改行共和政治後，羅馬人確立了統一的政治制度，因此給人運作順利的印象。但是實際上，在西元前三六七年以前，由於各項條件尚未成熟，羅馬人都還處在摸索的過程中。

正如西元前二世紀的希臘歷史學家波力比維斯認為，羅馬的共和政治開始有完全的功用，是在西元前三九〇年高盧人入侵事件後，所以此後的官職更能符合現實需要。西元前四世紀中，羅馬的政治體制已發展完成，此後的歷史學家在講述羅馬歷史時也以這個時期作為起始點。

與講究理論的希臘人相比，羅馬人顯然較偏向現實主義，因此在敘述羅馬的事蹟時，應該也要從現實的角度切入比較好。

首先在選舉制度上，雖然已經是共和時代，但仍多有承襲王政之處。例如前面介紹過的，共和時期羅馬是採取高收入高稅金的制度，而在沒有直接稅的時代裡，多以軍役來替代。不過，這時並沒有收入和所得的區分，可能是當時的人還沒有經費的概念。

百人隊是羅馬軍隊的核心，投票時各個由戰場上的士兵所組成的百人隊必須事先統一內部意見，然後再將一致的決定反映在一票上。而實際上投這一票的，正是負責召募百人隊的人。

與雅典的一人一票選舉制比起來，百人一票選舉制是羅馬投票上最獨特的地方，這也是一種小區制選舉。

再說，公民大會的總投票數是一百九十三票，九十七票過半數，只要第一階級的公民全部投票，票數就可以過半，所以這很顯然地不是民主政治，而是寡頭政治。

——執政官

執政官是羅馬共和時代的最高首長，地位相當於王政時代的國王。執政官與國王一樣由公民大會選出，經元老院通過就任；不同的是國王任期終身，而執政官只有短短一年，但可連選連任，年齡設限在四十歲以下。

執政官共有兩名，如果彼此在想法與作法上意見紛歧時，兩者都有權否決對方的提案；也就是說，只有在兩人都同意的情況下，政策才得以實施。

執政官是全國最高行政首長，主要任務除了召開公民大會外，同時還要擔任戰場上的指揮官。所以執政官可以說是集首相、國防部長及參謀總長等職於一身的官職，又由於他經常參與實際作戰的指揮工作，因此頭銜上還可以再加一個前線司令官。

軍務是執政官最重要的工作，羅馬的軍力通常分為兩批，各由一名執政官統率。作戰時，如果敵軍戰力不強，通常只由一名執政官率軍出征，另一人留在羅馬負責保衛首都及處理內政工作；萬一遇上強勁的敵軍時，兩名執政官也會同時帶領所屬軍隊出戰，戰場上的指揮官也因此變成兩個人，在這種情況下，首都的保衛工作就改由法務官帶領預備役士兵出任。

這個時期的羅馬，雖然有兩名指揮官，但似乎尚未有意見不合的情形發生；即使有的話，

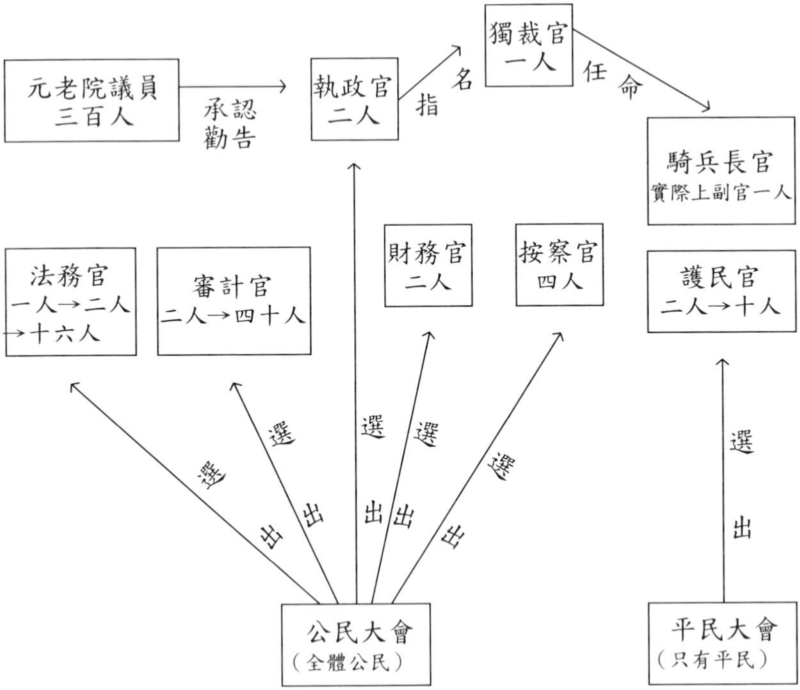

元老院議員
三百人
承認
勸告
執政官
二人
指名
獨裁官
一人
任命
騎兵長官
實際上副官一人
法務官
一人→二人
→十六人
審計官
二人→四十人
財務官
二人
按察官
四人
護民官
二人→十人
選出
選出
選出
選出
選出
選出
公民大會
（全體公民）
平民大會
（只有平民）

羅馬共和的政治制度

只要委任獨裁官，就可以統一指揮權。

但是執政官的任期只有一年，戰爭也不一定會在這一年內結束，因此很有可能在戰爭進行中必須臨時更換總指揮官，這樣的事情從戰術上看來是非常不妙的。

為了因應這種緊急狀態，羅馬設置了地位相當於前執政官的「屬省總督」一職；如此一來，不僅卸任後的執政官可以繼續指揮作戰，同時也可以防止三面臨敵時指揮官不足的窘境。

到了羅馬向義大利以外的地方擴張勢力的時候，「屬省總督」變成被派去督導羅馬屬地的官員，由於羅馬當局指派的都是有執政官經驗的人，因此可見羅馬對屬地統治的重視，像曾遠征高盧的凱撒及統治比多尼亞地方的西塞羅，就都曾做過屬省總督。不過，即使是在羅馬最艱苦的時代，「屬省總督」也始終是一個在執政官任務過重的情形下才設置的官職。

執政官承襲了王政時期國王的權威及權力，他們與國王一樣，無論到哪裡，都有十二名手執權杖的侍衛在前開道，與其說這十二名侍衛是衛兵，倒不如說這是一種權力象徵。如果有人在路上看到侍衛為執政官開道場面，大概也會像波力比維斯一樣地質疑，羅馬是不是又回到王政時代了。而民主雅典的「國家政治作戰顧問」則沒有這種侍衛開道的傳統。

由此可知，執政官是羅馬共和時代最有權力與權威的人，也因此執政官 (Consul) 一詞就變成今日的「領事」之意。

——獨裁官

比起執政官一詞，獨裁官（者）(Dictator) 在今日並非正面的詞彙，它是共和羅馬時代國家非常時期時所任命的官職，意謂著臨時的獨裁執政官。獨裁官並不是由選舉產生，只要由兩名執政官中的一名指定即可上任。

除了改變政體外，獨裁官擁有一切事務的決定權，任何人都不能反對他的決定。獨裁官只有一名，任期也只有短短六個月。由於共和政治經常導致決策遲緩，在決策不得遲緩的情況下，獨裁官擁有立即下決定的權力，因此執政官常委任能力優秀、經驗豐富，具有執政官水準的人擔任這個職位。

獨裁官可依個人意見任命相當於副官的「騎兵長官」，而且兩名執政官在委任獨裁官之後，本身也必須服從獨裁官的命令。獨裁官的委任，就如同他的副官——騎兵長官的名稱所顯示的，大多是在戰爭情況緊急時才委任，不過當瘟疫流行、首都機能癱瘓，或必須緊急恢復社會秩序時，也會委任獨裁官。

所謂「寡頭政治」並不是民主政治，而是多頭馬車的體制，它的缺點就是在緊要關頭時無法快速地做出適當的決定，而獨裁官制度正好可以彌補這個缺點，同時它也可以算是共和羅馬的危機處理系統。馬基維利曾說：「想要維持一個政體，就要有勇氣在必要的時候反對它。」如果疏忽了這點，就會使政體瓦解。而獨裁官就是為了因應共和政治的不足所產生的官職。

由於獨裁官制度只是一個危機處理系統，因此羅馬不會輕易委任獨裁官。從西元前五〇九年共和政治建立，到西元前三九〇年高盧人入侵的一百九十年間，羅馬只委任過七次獨裁官，而卡米爾斯就擔任過五次，這種情況就像屬省總督的任命一樣，顯示出西元前三九〇年後的羅馬正深處於危機與混亂之中。

任期六個月的獨裁官，一人獨攬被兩名執政官分散的最高權力，他也可以擁有二十四名侍衛作為開路先鋒，人數是執政官侍衛的二倍。

而由於蘇拉和凱撒都是終身的獨裁官，因此“Dictator”一詞便演變成今日的「獨裁者」。

——法務官

法務官任期一年，最初只有一名，後來不斷地增加到十六名，由於這種增員的情況是羅馬領土擴張後的連帶現象，因此不只法務官增員，執政官以外的其他官職全都如此。

法務官的職責正如它的詞義是職掌司法，最初法務官的職務是代替出征的執政官守衛首都，後來逐漸轉變為司法負責人，這樣的轉變正是羅馬邁向成熟法治國家的一個過程。

不過法務官上戰場的機會還是不少，一般認為法務官年齡限定在四十歲以上的原因，就是考慮到必要時他可以代替執政官上戰場指揮軍隊。還有執政官不在首都羅馬時，也是要由法務官擔任議長，召開公民大會。

——審計官

審計官最初只有兩名，共和末期增加到四十名，任期一年，年齡資格限定在三十歲以上。

審計官的主要任務之一是擔任戰場上的財務管理，曾經在進攻漢尼拔前，為了軍隊過分浪費軍費一事到羅馬軍陣營向總司令西比奧陳情，卻被嗤之以鼻的大加圖就是審計官。

當年被後世在名字上加個大字的「大」加圖三十歲，而大破漢尼拔被尊稱為亞非利加努斯的西比奧三十一歲，西比奧在聽完盡忠職守的審計官大加圖的陳述後表示：

「過分吹毛求疵的審計官，對正揚起風帆迎向戰爭的人而言，無異是個無用的絆腳石，因為我們對國家要負的是行為上的責任，而不是金錢上的責任。」

對於這個非斤斤計較不可的官職而言，一般或許會認為應該由功成名就、具權威的年長者來擔任較適當。但羅馬卻正好相反，要擔任審計官只需年滿三十歲即可，這對於想從政的羅馬青年而言，可以說是一個躍登政壇龍門的好機會，而且能在年輕的時候挑別人的毛病以及學習如何去挑毛病也是頗有趣的。

——財務官

財務官原本是為進行戶口調查所設的官職，因此在共和初期時，不是一年選一次，而是配合戶口調查的實行每五年選一次，而且任期也與普通的羅馬官職不同，不是一年而是一年半以上。財務官共有兩人，年齡限制不詳，不過從這個職位所掌握的大權以及僅次於執政官的權威來看，擔任者至少要是四十歲以上的成熟人選。

羅馬的戶口調查，清查的並不是總人口數，而是戶長的財務狀況；如果戶長沒有據實申報，不管他的身分是不是貴族，財務官都有權檢舉，這就是財務官權力強大的地方。

其他舉凡國有土地開發、國庫收支、道路及上下水道的建設支出等監控工作都是他的職責範圍，因此他可以說是國家財政的最高負責人，大概相當於現在的財政部長。而掌握金錢的人同時也會掌握有權力，這好像也是古今中外不變的現象。

——按察官

"Censor" 一詞譯為「按察官」，但「按察」這個詞有監督的意思；而實際上，「按察官」的職權範圍是非常廣泛與多樣的。

羅馬的官職中，只有按察官在設立之初明確規定須由貴族及平民各兩人共同擔任，這個官職想必也是羅馬公民最直接、最常可以接觸到的政府職，任期一年，年齡設限在三十歲以上；按察官與審計官一樣是為了給年輕人參政機會而設的官職。

按察官的職責大致如下：

首先是規劃祭祀活動及開辦各種競技比賽。

第二是負責公安警察的工作。

再來是要維持糧食供給的正常，由於農村地方可以自給自足，所以按察官要負責的是首都羅馬的糧食供給。

最後，從道路保養整修、交通整頓、上下水道的維修管理、各種違法行為的罰金科課，以及維持市場公平運作等，都是他必須負責監督的工作。到了共和末期，他甚至還得負責配給麵粉給無產階級，難怪後來按察官會變成負責多方事務的官職。

乍看之下，按察官好像是個地位低下、吃力不討好的工作，但實際上卻並非如此。由於按察官負責的工作可以直接與民眾接觸，所以是個很容易贏得人氣的官職，甚至有不少對政治有野心的按察官，還不惜向人貸款自費籌辦民眾喜愛的藝文活動以投其所好。

——護民官

由於前面已經介紹過護民官了，因此在此只做簡單的說明。「護民官」正如它字面的意思，是代表平民階級的官職，因此護民官必須出身平民階級。而護民官選舉也不在貴族、平民都有權出席的公民大會進行，而是由平民才有資格出席的平民大會選出，任期一年，年齡似乎不限。在古代視十六歲為成年，但一般普遍認為三十歲才算是真正的男子漢，所以直譯為「平民司令官」的護民官人選，想必也在這個年齡層之內。

護民官最主要的職責，就是保護平民的權利，因此他有權可以否決政府的決定，但這項權力在戰爭發生時不能行使。

除此之外，為了防止貴族中有人因為利害關係暗地放箭，羅馬還授與護民官一項特別的權利，就是連執政官都沒有的「人身不可侵犯權」。

然而，身為國家正式官職的護民官，不僅要以平民先鋒的立場與貴族對抗，同時也有責任作為貴族與平民之間的溝通橋梁，因此他們經常活躍於權力鬥爭事件之中。而護民官卸任後，大多可以獲得元老院議席，因為羅馬在西元前三六七年「李錫尼法」制定後所選擇的政治路線，已不再是兩大政黨交替制，而是內部自行調配人馬的一黨獨大制。

護民官最初只有兩名，在逐漸增額之下，最後變成十人。

——元老院

在今日羅馬的大街上，似乎隨處可見S. P. Q. R. 四個字，上面寫著「此處不准亂丟垃圾」等字眼的羅馬市政府公告就是以這四個字母開頭，連下水道的鐵蓋上面也刻有這四個字母。S. P. Q. R. 就是拉丁語「元老院暨羅馬公民」一語當中，四個單字的開頭字母。現在的羅馬雖然沒有元老院，但或許是羅馬人將羅馬市議會當成古羅馬元老院的化身，所以在西羅馬帝國滅亡一千五百年後，仍舊繼續使用這四個字。

在古代，只要出現S. P. Q. R. 就代表羅馬，在四個字當中唯一與羅馬的核心羅馬公民一起被列示出來的元老院，它的重要性自然遠非現在的羅馬市議會所能比擬。

古羅馬消失後，威尼斯共和國承襲了元老院，在普遍採取議會制民主政體的現代，元老院就相當於美國、加拿大、法國及義大利二院中的上議院。

至於共和羅馬的「元老院」這個譯語，其實也令我有點摸不著邊際，因為元老院總給人一種印象，好像裡面聚集著一群功成名就的老人，一件一件地在挑剔著年輕人所做事情。

然而，古羅馬的元老院既不是二院議會制民主政體中的上議院，也不是退休長老們的集會地；它是採取一院政體的國家中的一院，現職人員工作時聚集的機關，而且要年滿三十歲才有資格占有議席。

中世文藝復興時代的威尼斯共和國的元老院，除了以下兩點外，在名、實上都高度地承繼了共和羅馬的元老院。

第一點差別是，除了經濟和文化活動之外，其他各方面竟出乎意外地封閉。這點和雅典類似，也是威尼斯特有的現象。

威尼斯共和國的元老院議員，必須是威尼斯貴族出身，至於屬地的貴族及國內的平民則無權擁有元老院議席，威尼斯共和國的純種主義在元老院的組成中充分表露無遺。

但羅馬卻正好相反，它的元老院是屬於開放性的。

像元老院就提供議席給帶著後援會員大舉移居羅馬的他族有力者，同時也積極延攬戰敗國的領導階級。自從西元前三六七年，「李錫尼法」頒布以後，元老院更是對平民出身或是具有從政經驗的人廣開大門，因此即使是昨日還在與貴族激烈抗爭的平民代表護民官，卸任後也可以平和地坐上元老院議席。

因此「元老院議員諸君！」這句在元老院演說時必講的開頭語，其實只是意譯，如果要直譯的話，則必須譯為「各位父老及新任議員諸君」。

接著，威尼斯共和國與共和羅馬的元老院的第二個不同點是，前者議員須由選舉產生，後者則免。

威尼斯共和國的公民大會很早就廢止了，國會實際上是由成年的貴族所組成，元老院的議員就是由國會選出，任期一年。

另一方面，共和羅馬則繼續以公民大會為國家的最高決策機關，除了護民官以外的執政官等官職皆須由這個「國會」選出。

而唯獨元老院議員不是經由選舉產生，也不是過了三十歲就可以自動獲得席位，所以它是不能世襲的，只有通過嚴格的篩選，且被大家公認有見識、具責任感、能力及相當經驗的人才能進入元老院。當然了，如果出身羅馬名門貴族，或許多少會比較有利吧！不過，誠如新加入者專用的稱呼所示，共和羅馬的元老院也是個對新勢力開放的機構。

由於共和羅馬的元老院議員不須經由選舉產生，所以一旦獲得議席，任期便是終身。雖然這不免會讓人擔心，如果遇上老化或動脈硬化等問題時該怎麼辦。其實這沒什麼好怕的，因為在當時有議員病死，就像雅努斯神殿的大門經常大開著一樣，是家常便飯不足為奇，同時也可以為元老院適度地更換新血。

羅馬的元老院與威尼斯共和國的元老院一樣，是實行寡頭政治的共和羅馬的心臟。

執政官或獨裁官等羅馬重要人選幾乎都出自元老院，而且任期結束後還可以再重返元老院。在羅馬，兩名執政官經常會同時出外征戰，這時，羅馬的內政、外交、軍事甚至國家未來的方向等，就全權交由元老院來帶領；但元老院在法律上並不具有決定政策的權力，他們只能對執政官勸告、進言。

輸送血液的心臟給頭、手腳等器官「勸告」，也就是單純的決議。但話雖如此，如果遭到反彈，這個成員裡包括了前任護民官的組織所研擬出的對策，不僅絕不馬虎，一旦判斷反對勢力太強，不宜正面衝突時，還會以退為進，相當具有彈性。

羅馬人在這方面的彈性空間就遠遠超過威尼斯人，比方說原執政官如果被推選為財務官，他會去任職，因為這種曾任上位者去就任下位的例子，在羅馬人看來並沒有什麼不名譽或不恰當的。

以上就是共和羅馬的元老院，所以如果說共和羅馬等於元老院，真是一點也不為過。

不過這樣的機構必須在實行寡頭政治的國家才能發揮作用，如果是在雅典，這種民主政治國家就難以生存；如果民主國家非要設置不可，恐怕也只會流於表面上的民主，實際上卻仍然守舊。

因為寡頭政治並非主權在民，如果主權在民，人民就有選擇的自由了，而兩大政黨政治也就會應運而生。但在由少數菁英領導多數人的寡頭政治中，是不會發生政權交替的現象的。

但是，羅馬元老院在充分發揮心臟機能的時代是具有功績的，這已經是今日西洋史的共識。美、法、義、加等國的上議院名稱，甚至予人刻意援引元老院"senatus"舊名的印象。怎麼說呢？歷史學家波力比維斯曾說，當健全的元老院開始發揮機能，羅馬便有如一個不再遲疑的人，果敢地邁上興隆之路。而這在誰看來，想必都是我願起而效尤的。

從西元前三六七年「李錫尼法」頒布到西元前四十四年凱撒實施改革，羅馬一直在元老院的帶領下日益蓬勃；直到西元前一百年，元老院才在現實環境的影響下，逐漸失去原有的功能。而凱撒的改革可以說是元老院結束的象徵，如果再由往後的發展來看，元老院在共和時期的羅馬實在是占有很重要的地位。

「政治建築的傑作」

羅馬人會從失敗中學習，並藉此改善自己的缺點，重新站起來。羅馬人不認為失敗是一件好事或壞事，失敗就是失敗，最重要的是失敗後要如何站起來，也可以說就是在打敗仗後要如何處理戰敗問題。

羅馬人在西元前三九〇年的高盧人入侵事件中學到了不少事情。其中之一是體會到國內分裂為貴族與平民兩派的不智。

不過在西元前三六七年「李錫尼法」頒布之後，情形便有改善。這個改革乍看之下對平民作了極大的讓步，全部的國政要職都對平民全面開放，到了西元前三〇〇年時，甚至連祭職都開放，貴族與平民之間的對立關係因而轉變成貴族包容平民的關係，羅馬也因此才能將所有的心力投注在羅馬體制的確立上；換句話說，也就是將國力做最大限度的運用。

希臘歷史學家波力比維斯認為，羅馬之所以能夠強大的最主要原因，在於羅馬確立了獨自的統治體系。也因此，針對西元前三九〇年的高盧人入侵事件，他如是寫道：

「羅馬人因此開始強盛。」

羅馬人沒忘記敗給高盧人的慘痛教訓，因此進行全盤的內政改革。而且這些改革被二千三百年後的英國歷史學家湯恩比譬為「政治建築的傑作」，同時也是與他國關係的轉圜。

羅馬從王政時代開始就與鄰近部族結盟，這些部族雖然種族不同，但同樣都使用拉丁語、信仰相同的宗教，而且風俗極為相似，因此統稱為拉丁民族，各部族間締結的同盟則稱為「拉丁同盟」。

初期的拉丁同盟雖名為同盟，但主要是以共同祭神為目的而結盟，一年一度齊集在阿爾巴諾山的朱比特神殿舉行祭儀，而仿自於希臘奧林匹亞競技的體育祭則是同盟國唯一的共同活動。

不久羅馬又在七丘之一的阿凡提諾丘上建造供奉狩獵女神黛安娜的神殿。黛安娜是繼朱比特之後拉丁民族所共同信仰的神祇，從神殿蓋在羅馬境內一事上，就可以看出羅馬在拉丁同盟中的強烈領導色彩。因為在女神的祝祭日當天，拉丁同盟所有部族的人民，包括女人及小孩都會齊集到羅馬參與祭祀。自此之後，拉丁同盟的成員也開始聯合展開軍事行動。

雖然拉丁同盟是以羅馬為中心，但當時所有部族的權力關係幾乎都是相對等的，而羅馬當時的實力也尚未突出，因此同盟間的關係並不穩固，各同盟國之間仍經常會有戰爭發生。西元前五〇九年共和政治開始，這些同盟國紛紛結束與羅馬的同盟關係。從同盟諸國的角度來看，他們一定是認為自己結盟的對象並非羅馬，而是統治羅馬的國王，所以王政廢止也就形同於同盟關係的結束。

受過這次教訓的羅馬，在西元前四九四年確立共和政體後，馬上著手重建拉丁同盟。但這次不再是以宗教為出發點，而是以聯合軍事行動為同盟的主要目的。在拉丁同盟的協約中，明確記載同盟國之間有組織共同戰線對抗敵人的義務，至於同盟軍的組成則由羅馬與其他同盟諸國各自負責一半。而此時，羅馬的國力已經增強，單單羅馬一國的土地面積，就占了拉丁同盟各國領土總和的三分之一強，因此從盟軍的組成比例上，也正好可以看出全拉丁民族當時的實力狀況。

不過在拉丁同盟中，盟軍的總指揮必須由羅馬人擔任，這固然是因為羅馬人的軍事能力比其他各國強，戰勝機率比較高，所以其他同盟國才會無異議接受這個議案；除此之外，重建的拉丁同盟一切利益均分的原則，也是他們接受羅馬人為總指揮的原因之一。

盟軍在戰爭中所獲得的土地或人民等戰利品，羅馬分一半，另一半則由其餘各國分配。

而拉丁同盟的各部族之間，完全享有平等的公民權、通婚、通商以及自由移民到他國等權利。當時的羅馬軍，雖沒有獲得大勝也沒有大敗，站在短期的立場來看，它與共同戰線所帶來的軍事利益，對其他的拉丁人而言無非是一項相當大的收穫；因此，所有民族都會恪守在一年一度的華連提納森林會議中所決定的事情。

羅馬之所以遵守協定，無非也是因為利益。當時的羅馬，六、七千兵力對他們來說已經是最大極限，如果能藉此機會加倍戰力，這一來一往之間，意義當然不同。

不過，此時的拉丁同盟還是有它的缺點。因為只要主導國羅馬一面臨存亡危機，其他的同盟國由於看不到與羅馬步調一致的利益，很容易心生叛離。西元前三九〇年高盧人入侵時，這個缺點就浮上檯面了。

這件連隔海的希臘人及後人亞里斯多德都知道的慘事，大概使得當時的拉丁同盟諸國喪失將希望寄託在羅馬身上的勇氣，退出拉丁同盟的國家不只一國，而是整個如雪崩般地瓦解。更嚴重的是，這些原同盟國不但背叛羅馬，還想藉機進一步征服羅馬，而羅馬為了擊退它們，即使當時國內已有卡米爾斯這般優秀的武將，仍須費時二十年方才完成確保國境的重任。

嘗到苦頭的羅馬，在西元前三三八年，著手徹底改善對外關係。

已經流於形式的拉丁同盟，至此已剩空名，而實力已漸恢復的羅馬便提倡組織新的同盟，它之所以可以如此，是因為它已經完全恢復實力了，否則如果由勢力弱小者來作這樣的提倡，有誰會聽呢？

再度恢復後的同盟關係已不再叫做「拉丁同盟」，而是改稱為「羅馬聯盟」。

一般人都認為羅馬人是保守的，而真正的保守，不就是該改則改，不需改就不改的生活態度嗎？西元前四世紀後半的羅馬人，雖然改變了對外關係的型態，但卻依然承襲西元前八世紀羅慕路斯以來同化敗者的特質。《列傳》的作者普魯塔克認為，羅馬之所以強大的最主要原因就是羅馬人的個性使然。但是這與湯恩比所說的「政治建築的傑作」顯然無關。

「羅馬聯盟」

在人類的世界裡，能預見未來，依此樹立百年大計並著手實行的人並不多，就是因為少所以被稱為天才。天才以外的人，內心所想的則只是解決眼前課題的策略。這種只重解決眼前課題的人，其作為的結果又可分為兩種：一種是雖只考慮到要解決眼前的問題，但結果卻產生出百年大計；另一種則是眼前的問題解決了，但解決的僅是一時的問題而已。

後者的偶然永遠是偶然，前者的偶然卻會成為必然。歷史上的偶然會成為歷史的必然，是人類的作為使然。今日後人以為的歷史的必然，其實多數在當時不過只是偶然。將偶然變為必然的，多數還是人類。是以，歷史的主角，最終還是人類。

西元前四世紀中葉，羅馬人所碰到的問題就是同盟國再度分裂的事件。所謂的同盟是指許多國家為了要達成共同的目標所籌組而成的聯合政體，同盟國除了羅馬之外還包括鄰近地區的諸部族，同盟國與羅馬之間的關係與同盟國跟其他同盟國的關係是一樣的，因此各同盟國會在羅馬強盛時期與它共結同盟，待其衰弱後就立刻背叛它。因此西元前四世紀中以後，羅馬人與他國的同盟關係在形態上有了改變，如圖所示。

在「羅馬聯盟」裡，同盟國僅能與羅馬締結同盟協定，其他同盟國之間則不許私自締結關係，即使同盟國間發生問題也只能由羅馬出面解決。

這種強制的關係之所以可以成立，是因為羅馬是勝者，而其餘各國是敗者的關係；因此很明顯地，「羅馬聯盟」是一個對敗者非常不公平的同盟關係。不過在這個視沒收敗者財產並將其人民當成奴隸的行為為常態的時代，羅馬卻反其道而行，充分表現出羅馬民族的個性。

在拉丁同盟裡，同盟的組成份子只分成羅馬與其餘諸國兩類；但在羅馬聯盟裡，組成份子則分成五種。

第一種就是「羅馬聯盟」的中心——羅馬。

這個國家的住民，不分貴族或是平民，只要是自由民，都享有公民權；當然也就負有享受自由的公民必須盡的義務，即相當於直接稅形式的入伍從軍。但是同樣也有羅馬公民獨享的投票權，以及參選羅馬公職的權利；也就是參與國政的權利。

第二種是原拉丁同盟的同盟國。

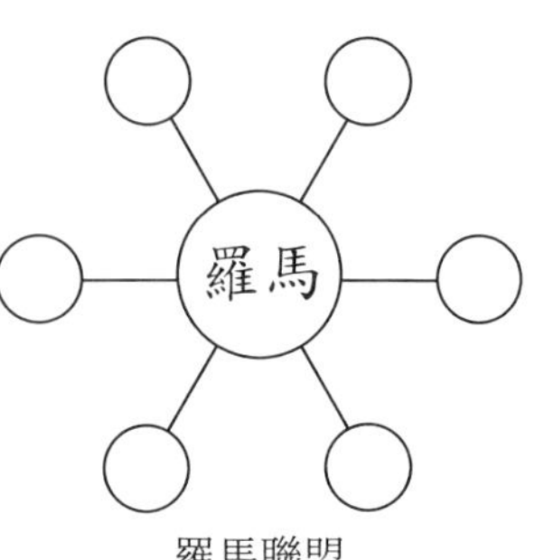

羅馬聯盟

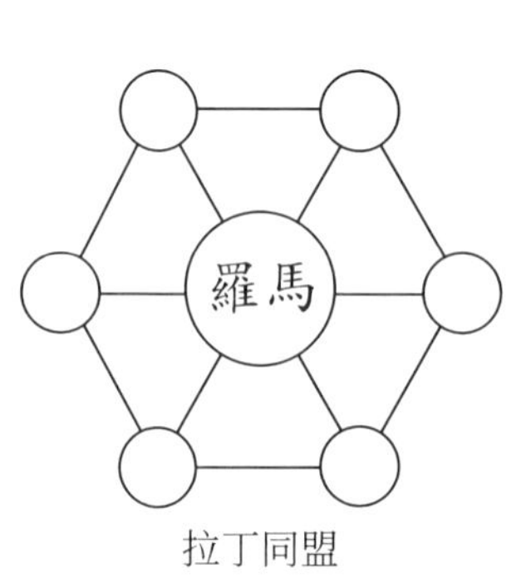

拉丁同盟

這些與羅馬同語言、同宗教、同風俗的國家，曾經在西元前三九〇年背叛羅馬，但後來又被再度興起的羅馬所滅。羅馬與這些國家以對等的地位合併，並授予他們移民完整的羅馬公民權，而這些移民當中，有些人甚至還當上羅馬的執政官。

第三種是地方自治體。

羅馬授予這些國家的人民無投票權的公民權。所謂無投票權的公民權，就是除了沒有選舉權及被選舉權外，其他一切權利都與一般羅馬公民無異，而其中會講拉丁語的人被稱為羅馬公民預備軍，他們在三年後就可以取得完整的羅馬公民權。不過無論有沒有完整的公民權，這些國家除了不能完全自治以外，人民仍有結婚及保障私有財產的自由。

第四種是殖民地。

不過這與英國、荷蘭、法國及西班牙的殖民地不同，羅馬人是因政治上的需要才建立殖民地，不像希臘是基於通商或文化交流的因素才建立殖民地。

羅馬在戰略要地建設警備區域，將羅馬的公民移入此區，而住在這塊地方的羅馬人則必須負責守衛自己所住的區域，這就是羅馬的殖民地。此外，尚有拉丁殖民地，其兩者的差異只是移入人民的不同，成立的目的都是一樣的。

第五種是歷史學上所謂的「同盟國」。

這些同盟國與其他同盟國不同，它們是在西元前三五〇年以後敗給羅馬的國家，而非如拉丁同盟諸國是於西元前三九〇年之後被打敗。

西元前二世紀中葉以前，羅馬建設的殖民地分布圖以及建設年代

羅馬給予這些同盟國完全自治的權利，而且這些同盟國也不必放棄原先的語言、宗教及風俗，仍可使用原來的希臘語，不須另學拉丁語。

羅馬也不要求同盟國貢獻稅金，只要求同盟諸國提供軍力及維持軍隊的費用，而同盟諸國也認為這是一種榮譽。同盟國的人民只是單純地實行義務，並沒有羅馬公民權，羅馬聯盟的軍隊還是以羅馬公民為主，至於同盟國的軍隊則為羅馬聯盟的援軍。

在西元前三、四世紀時，同盟國的人民必須特地大老遠地到羅馬投票，這實在是非常不方便；但他們為了確保自己的人權及財產，也只好如此。羅馬人為了這些非羅馬公民還制定了一部「外人法」，用以保障他們的權利。

到了西元前四世紀後期，羅馬的勢力延伸到南義大利的希臘殖民地，「羅馬聯盟」的實體也至此確立。羅馬並不將敗者當為奴隸，而是與他們共同經營國家，這種作法在當時算是首例，這也是以上四種同盟國家能夠融和並存的原因。

不過這種融和並存的方式有利有弊，其中最重要的，就是要能有效率地快速傳送從羅馬發出的指令與軍員，為了解決這個問題，羅馬開始有計畫地進行街道鋪設工作。

街道

道路是國土的動脈，這是今日眾所皆知的事情，但是在二千三百年以前，卻只有羅馬人知道。

只要有人聚集的地方，就會有道路，所以羅馬早在西元前八世紀，羅馬建國之初就有道路了。最早的這條道路是為了運鹽而造，因此叫做「鹽道」（比亞·薩拉里亞）。而連結羅馬與羅馬人祖居地拉提那的街道則叫做「比亞·拉提那」（意思是到拉提那之路）。

到了西元前四世紀，事情開始有了不同的轉變，從西元前三一二年阿庇亞大道（比亞·阿庇亞）建造之初，街道就已不單只是行政上的造路工程，而是具有政治、軍事及行政上的功能。

從此時開始，羅馬街道的名稱便不再以起訖點為名，而以鋪設道路的人名為名，如此一來道路的延伸就不會再受到限制了。

例如西元前三一二年由財務官克勞狄斯所建造的阿庇亞大道，最初是從羅馬鋪設到加普亞，後來隨著羅馬勢力範圍的擴大，而延長到南義大利的布林迪西，成為羅馬的主要幹線道路。

此外，如弗拉米尼亞、卡西亞與奧雷里亞等大街道，也逐漸構成羅馬向四面八方擴散的街道網路，這正是所謂的「條條大路通羅馬」。不論歐洲、亞洲或是非洲，都是羅馬街道網路所及之處。

雖然一般人稱這些道路為軍用道路，但我認為以政用道路這種有政略意味的名稱，更能凸顯出這個時期街道對羅馬的重要性。

在鋪設這類街道之前，當地並非沒有道路，通常都已經有了給人、馬通行的道路。羅馬人將這些原先的路儘可能改直，然後予以拓寬、架橋、挖隧道、做好排水、將路面鋪平，簡直就

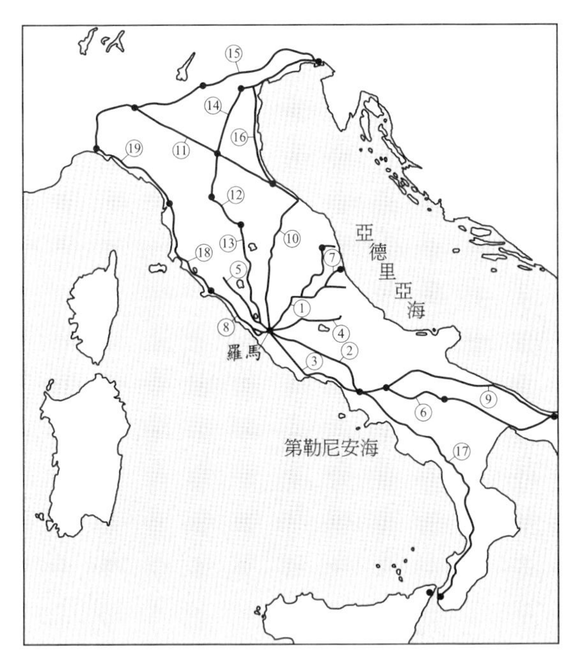

①薩拉里亞大道（鹽道）：羅馬→亞斯克力（西元前 312 年以前） ②拉提那大道：羅馬→拉提那地方（西元前 312 年以前） ③阿庇亞大道：羅馬→加普亞（西元前 312 年） ④華雷利烏斯大道：提伯利→科斐諾（西元前 307 年前後） ⑤克勞狄斯大道：羅馬→薩特羅尼亞（西元前 287 年前後） ⑥阿庇亞大道：加普亞→維努吉亞（西元前 285 年前後） ⑦加伊伽利亞大道：克雷斯→新卡斯圖姆（西元前 283 年前後） ⑧奧雷里亞大道：羅馬→科薩（西元前 241 年前後） ⑨維努吉亞大道：貝尼文坦→布林迪西（西元前 225 年前後） ⑩弗拉米尼亞大道：羅馬→利米尼（西元前220年前後） ⑪艾米里亞大道:利米尼→庇亞伽札（西元前187年） ⑫弗拉米尼亞大道：亞雷吉歐→經佛羅倫斯→波羅尼亞（西元前 187 年） ⑬卡西亞大道：羅馬→亞雷吉歐（西元前 154 年前後） ⑭安尼亞大道：波羅尼亞→亞奎雷亞（西元前 153 年前後） ⑮波斯圖米亞大道:傑諾華→經貝羅納→亞奎雷亞（西元前 148 年） ⑯波比利亞大道：利米尼→亞提努姆（西元前 132 年） ⑰安尼亞大道：加普亞→雷其歐．卡拉布里亞（西元前 131 年） ⑱新奧雷里亞大道：科薩→波普洛尼亞（西元前 119 年前後） ⑲艾米里亞．史考利大道：波普洛尼亞→傑諾華（西元前 107 年）

西元前 312 年到前 107 年間鋪設的羅馬街道

像是在建設「高速公路」。而這個高速公路網就成了羅馬聯盟最重要的連結動脈了。

而鋪設阿庇亞大道的貴族克勞狄斯，則不僅只是建造羅馬的街道，連道路的下水道也都加以規劃。

他針對羅馬人口大幅增加的現象設計道路，想使羅馬成為適合人居住的城市。同時期的希臘旅人還留有文字證明羅馬人對公共建設的熱情程度，就好像希臘人熱衷於建蓋神殿一樣。

但無論是上下水道或道路的鋪設，都像是一把雙面的利刃一樣，可以為己方帶來連絡或移動上的便捷，但同時也會增加敵方收集情報及移動的優勢。事實上，數十年後甚至是數百年後的皮拉斯與漢尼拔都曾利用羅馬鋪設的道路進攻羅馬，因此使得古代的伊特魯里亞及歐洲中世紀等重視防衛的國家，即使具備工程技術，也沒興趣去鋪設平坦便利的街道。

但是反過來說，由阿庇亞大道的無限延伸可看出古代羅馬人的外向性格。只是不知他們是否想到過這些被敵人利用的街道，竟會使他們永遠背負著防敵的宿命。

然而，羅馬人不論是從宗教、政治、對外關係或是道路上來看，都可以稱得上是一個真正開放的民族。

雅典、斯巴達、伊特魯里亞與羅馬，都是以自由公民為國家支柱而誕生的都市國家，但雅典、斯巴達及伊特魯里亞各都市卻一直停留在都市國家的階段，只有羅馬是以都市國家的型態誕生，而成就超越都市國家，他們成長的方法即表現在他們對公民的獨特看法上。

公民權

由拉丁語演變而來的英文"Citizenship"，在英文字典中的翻譯如下：

公民、國民的身分、公民權、市民權、國籍。

而在義大利文辭典中的翻譯則為：

公民權、國籍、公民的地位以及身分。

和英文字典中的解釋一樣。

為了深入探究公民權的意思，翻查辭典後，查到的解釋如下：

公民的權利、公權、人權、民權。

身為公民，行動、思想、財產自由受到政府的保護，並且有權參與居住國、地方自治體的政治。

至於公民權則解釋如下：

住在都市裡的人、都市的住民。在西歐，是指有參政資格及地位的國民、公民。

雖然我只是簡單地查查手邊的辭典而已，但卻引發我對公民及公民權解釋上的興趣。第一，在公民權的解釋中，並沒看到有國籍的意思。第二，雖然列舉了公民的權利，卻沒有提到義務。

如果我們不在此對羅馬的公民權做出明確的定義，我們就無法理解古羅馬人在公民權授與上的想法，因此為了解公民權有無的差別，除了前述的辭典說明外，還列舉出羅馬公民權所衍生的具體權利及義務如下：

——權利

一、保障私有財產（不論動產或不動產），而且可以有買賣的自由。

二、因為有選舉權與被選舉權，所以有參加國政的權利。

三、有依法接受審判的權利，被判死刑時可以上訴公民大會，也就是說享有控訴權。不過事實上，擁有羅馬公民權者被判處死刑的情形是非常罕見的。

四、享有獨立、自由的身分，是男子自立的證明。

在羅馬，擁有公民權就表示一個人已正式成為社會生活核心——家庭中的一員，並且是一個自立的個體。

——義務

有當兵的義務，十六歲到四十五歲為現役，四十五歲到六十歲為預備役。

人民可利用兵役代替繳納直接稅的義務，兵役也因此而有「血稅」的別稱。

而用錢僱請傭兵代役的行為，與其說是法律不允許，倒不如說這是極不名譽的事。這種經濟上的代替行為，只有沒有兵役義務的非公民或是有錢卻無子女的女性才可以這麼做。

不論是同盟國或屬省都認為，與其用錢來付稅，倒不如提供兵力來得榮譽，所以羅馬人在征服某地之後，都會以徵兵的方式來同化戰敗國。

羅馬人授予他國人民本國的公民權一事，是非常具包容性的行為，因為羅馬的軍隊是由擁有羅馬公民權者所組成。同時這也是雅典與斯巴達的兵員皆以萬為單位，而羅馬竟以十萬為單位的原因。

而且，全盛時期的雅典並不授與雙親皆非雅典人的人民公民權，像長年住在雅典並辦學使雅典的文化更上一層樓的亞里斯多德，就終身沒有取得雅典的公民權，而斯巴達的作法也和雅典一樣。但反觀羅馬，只要在羅馬住一段時間就可以獲得羅馬公民權。

希臘人與羅馬人在公民權看法上的歧異，可以從奴隸的境遇上看得出來。

在希臘，奴隸一輩子就是奴隸，但在羅馬，奴隸卻有別的路可走。

希臘的哲學家亞里斯多德對於奴隸與家畜就曾做過如下的比較：

「不論奴隸或家畜都是用肉體來服務人類。」

比亞里斯多德更早二十年，自己也曾是奴隸的羅馬第六任國王塞爾維斯·圖利烏斯也曾表示：

「奴隸與自由民的差異並非是先天的，而是後天境遇上的不同。」

在羅馬，用長年的工作回報或是用存下來的錢贖回自由的奴隸，稱為解放奴隸，他們的後代可以取得公民權；而取得公民權之後，他們就能在社會上發揮自己的才能。相反的，在雅典與斯巴達就可能因為再婚的對象不是雅典人，使婚後的子女無法取得公民權，而必須透過特殊的管道才能成為公民。

羅馬認可雙重公民權，也就是雙重國籍，由此也可看出羅馬對公民權的包容性。只要是羅馬聯盟同盟國的人民，不論是誰都可以在不捨棄原有國籍的情形下取得羅馬公民權。

例如拿坡里市的公民也可成為羅馬公民。而這種雙重公民權的制度，也是羅馬首創的制度。

元老院的開端可追溯至西元前七五三年，羅慕路斯所集合的一百位長老，而這百位長老的家族，就成為日後的貴族。

但是經過五百年後，不是後繼無人，就是被消滅了，最後這百位貴族只剩下五分之一。而且元老院議員增加到三百人，其中建國以來的貴族卻減至十五分之一，這更意味著羅馬長久以來的戰爭，使領導階層犧牲很多。

不過，領導階層的男子人數卻沒有下降，這是因為羅馬給予平民參政的權利；只要是取得公民權的羅馬人，皆可有參政的資格。

即使羅馬經過與薩謨奈民族長達四十年的戰爭，以及與希臘殖民地的十年爭戰，這種政策也沒有改變過。

第二次布尼克戰役時，漢尼拔在坎尼讓羅馬吃了一場很慘的敗仗，羅馬的騎兵從六千人減至三百七十人，步兵也從八萬人銳減到三千人。即使如此，羅馬人還是常常加入新血，這也是他們能東山再起的原因。

這也是在希臘、埃及、迦太基或伊特魯里亞都不曾出現過的羅馬人哲學。

然而就在同一個時期，除了羅馬，還有一個人正在積極地導入新血、向外推進。但很幸運地，似乎有神祇在護佑著剛剛於西元前四世紀後半確立體制並正在復甦的羅馬人，這個人並沒有向西方推進，而將視線放在東方。

「如果亞歷山大大王不向東進，而是向西攻的話，結果會如何呢？」

〈愉快的行程〉

編寫《羅馬史》的李維斯在希臘史料上作了以下的介紹：

這是羅馬與迦太基間歷經三次戰爭的後話，發生時間大約是西元前二世紀。在扎馬會戰逃到東方的迦太基名將漢尼拔與戰勝的羅馬將軍大西比奧在偶然的機會下於羅德斯島相遇。這兩人在扎馬會戰前曾經會談，而之後在和解會議上也曾同桌，雙方並非不相識。而且雙方雖然在戰爭中相互為敵，但在戰場外，卻彼此互相欣賞。大西比奧曾與年長的漢尼拔有過這麼一段對話。

「您認為在我們的時代中，誰是最優秀的將軍？」

漢尼拔回答：「馬其頓的亞歷山大大帝，他以微小的兵力，擊退全軍動員的波斯軍隊，不僅如此，更征服了我們無力所及的地方。除了偉大之外，沒有更適當的評語了。」

大西比奧再問：「那，第二名優秀的將軍您認為是誰呢？」

漢尼拔毫不猶豫地說：「是伊庇魯斯的皮拉斯。他是一位一流的戰術家，而且也是第一位了解宿營地建設重要性的人。」

大西比奧問：「那麼，第三名的將軍呢？」

漢尼拔回答：「毫無疑問地，就是我。」

因扎馬會戰戰勝而被尊稱為亞非利加努斯的大西比奧微笑地說：「如果您在扎馬會戰贏了我呢？」

「那我就會超越皮拉斯及亞歷山大，成為第一名優秀的將軍了。」

撇過這段插曲不談，橫跨西元前三世紀最後四分之一的第二次布尼克戰役，與其說是羅馬對迦太基的戰爭，不如說是羅馬對漢尼拔的戰爭。而且在希臘北部伊庇魯斯的皮拉斯大王，比漢尼拔更早六十年進攻義大利，與羅馬軍正面對戰。而漢尼拔當時所舉出最優秀的三名將軍中，唯一沒與羅馬軍對戰的，只有亞歷山大大帝一人。

而剛從西元前三九〇年的高盧人入侵事件中再度奮起的羅馬，將勢力擴展到義大利中南部的時期，正好是亞歷山大襲捲東方的時候。

羅馬在西元前三四〇年到前三二六年的十四年間，稱霸義大利中南部；而亞歷山大遠征東方乃至客死巴比倫帝國的時間，則在西元前三三四年到前三二三年的十一年間。

不過如果這個時期亞歷山大不是向東方，而是向西方擴張的話，也是頗有意思的想像；因為這個時期唯一沒和進出地中海世界的羅馬軍正面交戰的將軍，也只有亞歷山大一人。

歷史是不能說「如果」的，但是這件事令人興起無限想像，如果亞歷山大向西擴張的話，一定會與興盛的羅馬正面衝突，結局會是亞歷山大贏或是羅馬勝呢？當然，亞歷山大不是擲銅板來決定東進或西進，向東擴張是有必然的原因。希臘的宿敵是波斯，如果希臘想維持獨立與統一就非要攻打一直想染指希臘的波斯不可。只是亞歷山大在擊敗波斯後，並沒有返回西方，反而更往東方前進，這也可以算是羅馬的幸運，因為當時羅馬軍正陷入與皮拉斯及漢尼拔等天才將軍對抗的苦戰中。

在古代歷史敘述是不能說「如果」的，只有敘述實際發生的事實及親耳聽到的事才是歷史，如果用了「如果這樣的話」這類的用語，則會被看成邪道。所以古代的歷史家沒人用過這類的話來敘述歷史，只有李維斯在〈愉快的行程〉中寫道：「如果羅馬與亞歷山大交戰的話，羅馬的命運將如何？」不過李維斯又下了個結論——「即使面對的是亞歷山大這個敵手，最後贏的應該還是羅馬。」

羅馬的歷史學家李維斯在世時正逢羅馬顛峰時期，所寫的書也多是讚美羅馬之言，不過他認為羅馬會獲勝的理由倒是頗有趣。

李維斯首先指出，評價不低的亞歷山大在命運轉變之前就已經去世；而且亞歷山大的大軍只有一個司令官，但同時期的羅馬大軍最少也有十一名。

第二點便是亞歷山大大軍的軍律不比羅馬大軍嚴格，而已有百年歷史的羅馬士兵的士氣也非才十餘年的馬其頓軍所能比擬，而且司令官一人的戰鬥意志也比不上每個士兵心中都有自信來得強。

第三點，亞歷山大的確有過人的戰略才能，但羅馬軍隊並非大流士的軍隊，也不是印度軍隊，羅馬軍是非常剛強質實的，所以像亞歷山大這等名將恐怕也難如往常一樣連戰連勝。

第四個理由則是，亞歷山大對羅馬之戰是組織的對決，而亞歷山大這十幾年間與其說是靠他個人而成就，不如說是利用有效率的組織贏得勝利。李維斯說：

「每個戰士都會死，只是羅馬的士兵戰死不算是國家的損失。」

第五點則是，馬其頓軍與羅馬的步兵軍團性質不同。馬其頓的重裝步兵團有很強的防禦及攻擊力，羅馬的重裝步兵團則是由各中隊聯合組合，機動性更強，會隨作戰需要而改變戰術。

第六點，依照李維斯的論點，亞歷山大是在敵方陣地打仗，而羅馬軍是在國內打仗，就這點而言，羅馬就占了很大的優勢。尤其是「羅馬聯盟」的各殖民地及同盟國即使是亞歷山大恐怕一時也難以突破重圍吧！

李維斯表示，「對亞歷山大而言，一次失敗，不代表戰敗，但對羅馬而言，失敗就等於戰敗。」

以上便是羅馬人列舉出來的羅馬的優點。當然如果真打起仗來，也只有神才知道誰贏誰輸。

亞歷山大最後在美索不達米亞地區得熱病去世，如果他是攻打氣候溫暖，不易得熱病的義大利，也許會活得久一點吧！

無論如何，亞歷山大沒有向西方進攻就去世了。但這並不代表羅馬就沒有敵人。亞歷山大客死巴比倫帝國的三年前，羅馬就與義大利中南部山區的薩謨奈民族展開長達四十三年的戰爭，就在薩謨奈民族降服後，羅馬又與伊庇魯斯的皮拉斯大王開始了戰爭對決。

羅馬在經歷這兩場戰爭後，確立了在義大利半島南端的霸權，這也是羅馬在高盧人入侵一百二十年後首度重新奮起。

而亞歷山大大帝遠征東方，則只歷時十年。只是羅馬人與希臘人的不同點在於，羅馬人動作雖慢，卻穩健踏實，雖然花了很多時間征服別國，但卻比希臘更用心在統治地方上。

山岳民族薩謨奈族

薩謨奈族是一支住在義大利中南部山岳地帶的民族，既沒有形成國家組織，也沒有獨自的文明。與薩謨奈族所在地緯度相同的拿坡里終日陽光普照；而薩謨奈族居住的山地卻經常是一片皚皚的白雪，現在這片山區仍然是義大利氣溫最低的地方之一。

由於當地屬於山岳地帶，幾乎完全不靠海，因此只能從事放牧業。

從前，羅馬與這個沒有拓展志向的山岳民族並沒有往來，後來羅馬為了想將以加普亞及拿坡里為中心的坎帕尼亞地方納入自己的勢力範圍，因此就與薩謨奈族發生衝突。

由於羅馬人完全摸不透薩謨奈族作戰時採用的戰術，因此使得這場羅馬人原本以為很簡單就可解決的戰事，變得格外棘手。相對於薩謨奈族擅長的游擊戰，羅馬軍隊的陣容則較適合在平地交戰。

羅馬軍隊深知自己的作戰優勢，於是極力想將敵軍引誘到平地，但是這個誘敵計畫最後徹底失敗，因為薩謨奈族並沒有非打敗羅馬不可的野心，自然沒有中羅馬人的計，羅馬軍因此不得不深入山區。

薩謨奈族用以迎戰敵軍的戰術，是適合山區作戰的游擊戰法，而不是大隊編制的全面交戰，他們以游擊戰來混淆羅馬軍的耳目。

正因為戰場在山區，薩謨奈族與敵軍正面衝突時，充分展現戰鬥實力，而羅馬的騎兵隊及重裝步兵團也因此而削弱戰力。此外，與在羅馬堪稱第一的羅馬士兵相比，薩謨奈族的士氣可是絲毫不遜色，因此，當時正開始向南義大利滲透勢力的羅馬，當然無法任由這個小小山岳民族的存在而坐視不管。

但是話又說回來，熟悉山岳地形的是薩謨奈人而不是羅馬人，這場山岳之戰對薩謨奈人而言，簡直就像在「自己的家」打仗一樣，也難怪一開始占優勢的羅馬軍最後會潰敗。

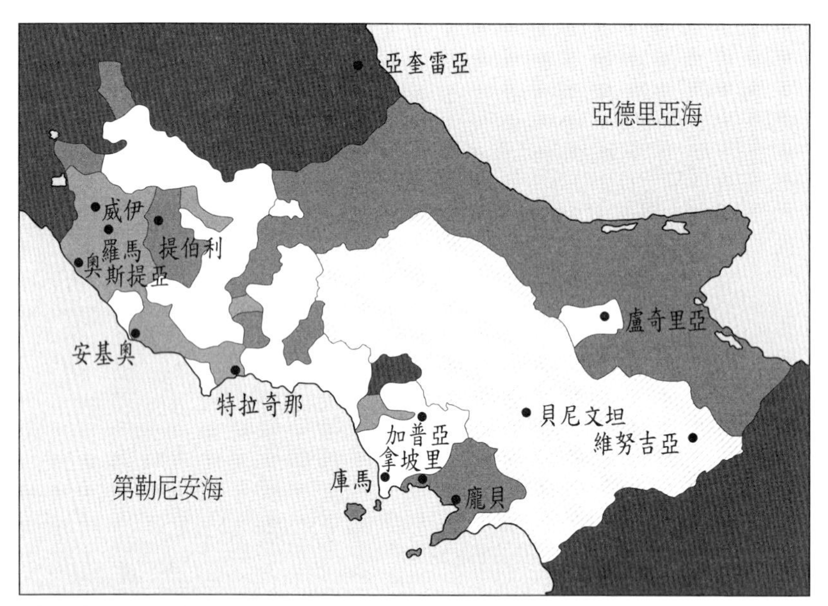

西元前 340 年當時的羅馬及其以外的民族（義大利中部）

西元前三二一年，羅馬與薩謨奈族之間的決戰邁入第五年，為了與薩謨奈族作戰而南下的羅馬軍當時獲得一項消息，指稱薩謨奈軍正在普利亞平原集結，這時指揮羅馬大軍的兩名執政官，為了想趁這個機會在平地一舉將敵軍殲滅，於是下令全軍向西行軍。

然而，這卻是個誤導的消息，薩謨奈軍當時並不在普利亞平原，而是埋伏在進入平原前的山區，等著攔截羅馬軍。

而在山區行軍的羅馬

軍只帶了少許的糧食就出發了，他們認為一到達平原，糧食的補給就容易了。一般而言，羅馬軍隊行軍時會攜帶十天份的糧食，如果糧食超過十天的份量，其餘則由馬車運載。而軍隊在山區行軍，如果能減輕行囊的重量當然是再好不過了。

羅馬軍沿著山間的小道一路西行，進入康迪維山谷。

當羅馬前衛隊，沿著小徑進入谷地後，要再順著後面的小路走出山谷時，眼前的小路竟然被倒塌的樹木給堵住了；於是士兵們紛紛驚慌地往回走，想從谷口離開，這時已經太晚了，要進入山谷的小路也已經被堵死了。

峽谷很小，兩邊都是岩壁陡峭的山嶺，根本沒有辦法爬得上去，而山谷的出入口兩邊的路障上都布有薩謨奈士兵的弓箭，根本無法靠近，一萬名羅馬士兵只好眼睜睜地被困在康迪維山谷裡。

情況的危急，不用執政官說明，大家心裡都很明白。但是薩謨奈士兵毫無動靜，無事可做的羅馬士兵只好開始在谷地裡紮營，並在周圍圍上柵欄、挖掘壕溝以作為防衛，不過這也只是在消磨時間罷了。

過了好幾天了，薩謨奈士兵仍然沒有發動攻擊，因為他們也了解到羅馬士兵屆時必須放手一搏時的勇猛，而羅馬士兵也試圖想要打破路障，但都沒有成功。

被包圍在山谷中的羅馬兵，沒有被敵人攻擊，卻被飢餓給襲擊了，他們的糧食早已見底，連騎兵坐騎的馬都殺來吃光了；河川裡雖然還有點水，但連根草也不長，羅馬軍最後終於投降。

薩謨奈族接受了羅馬副執政官的和談提議，但條件是羅馬軍必須撤出拿坡里一帶，放棄殖民地，並且保證今後將永遠不再侵犯薩謨奈族的勢力圈。和平條約締結後，羅馬還必須留下六百名士兵當人質，因為羅馬最高權力者執政官的決定，還必須經過公民大會的同意才能生效。

羅馬的戰士可以接受打敗仗的事實，但卻無法認同投降這件事。

七十年前高盧人入侵占領羅馬，這是羅馬人唯一的一次投降經驗，他們不斷地警告自己不許忘記這個恥辱。而繼西元前三九〇年高盧人入侵的恥辱之後，發生於西元前三二一年的「康迪維之恥」，對當時的羅馬人來說，也是個絕對不允許再發生的恥辱。

羅馬士兵在武裝進入山谷的薩謨奈士兵面前，被下命解除武裝步出紮營區，不許攜帶槍、劍、盾，連執政官也要脫下象徵司令官的紅色斗篷，這種情況對戰士而言，不僅有失顏面，而且還是最沒有志氣的棄甲投降。

更屈辱的是，身為羅馬自由公民的羅馬士兵竟然還要穿得像奴隸一樣，薩謨奈士兵下令要羅馬士兵脫掉甲冑，只讓他們穿著白襯衫，這對羅馬人來說簡直就是半裸，在羅馬只有奴隸才會穿這樣出去。

薩謨奈士兵對羅馬兵所做的事，還不只這樣。他們還強迫羅馬士兵穿著奴隸的白衣一個一個地從槍林中通過，同時還用言語羞辱羅馬兵，其中因為被槍刺到而死傷的士兵也不少。在羅馬公民大會允許條約生效之前，被留置的六百名士兵就這樣潦倒地被關進大牢裡，等到他們被釋放後，薩謨奈族還下令要他們就這樣落魄地回羅馬。

羅馬士兵好不容易走到一個同盟國，才終於受到當地人民溫暖的迎接。薩謨奈人雖然想和羅馬和平共存，但事實上他們的作法卻非常不恰當，他們深深地傷害了羅馬人最重視的名譽，而羅馬人正是能夠長久記取失敗教訓的民族。

羅馬與薩謨奈族的議和稱為「康迪維和平」，維持了五年；羅馬人並沒有被這場敗仗所擊倒，他們戰敗後的應對態度可歸納為以下三點：

第一，羅馬沒有處罰敗戰將軍。

現代人或許會以為這麼做是為了給他一個將功贖罪的機會，但羅馬人卻不是因為這個原因才不治敗將的罪。羅馬人認為，國家的勝利才是自己的勝利；如果有人無法達成國家交付的任務，他就會陷入恥辱的深淵。對榮譽心強烈的羅馬人而言，失去名譽就是最嚴重的處罰，因此不必以解任的方式來治敗將的罪，他自己就會嘗到羞恥之苦了。

第二，引進新戰術。

為了提高軍隊的機動性，軍隊中的各中隊指揮官，不再只是聽總司令官（執政官）的命令行事，必要時也可以獨自先行行動。武器方面，他們也積極引進薩謨奈族所使用的短柄槍。

第三，繼續檢視從前實行的羅馬政策的有效性。並且擴大「羅馬聯盟」，增加新的同盟國。如此一來不僅可以為羅馬軍注入新血，而且延伸出去的補給線還將薩謨奈族的地盤給包圍起來。

從前的執政官，每位只能率領一支軍隊出征，從這個時期開始，變成一次指揮二支軍隊，羅馬的戰鬥力因此倍增。而五年來一直關在山區生活的薩謨奈族，曾經在康迪維山谷包圍過羅馬軍，他們後來也知道自己已經被一張無形的包圍網給圍住了。

西元前三一六年，羅馬已準備好要再度對薩謨奈族開戰，於是將開戰的藉口推給對方。

一個國家會脫離同盟，很少是因為自身強大到足以獨立而離開，通常是為了要去依附別的強國所致，所以霸權國家就必須時時顯示自己的強大以威震其他同盟國。而加普亞會背叛「羅馬聯盟」，投靠薩謨奈族，就是因為羅馬軍在康迪維的大敗太令他們感到失望了。

加普亞是一個在拿坡里北上一點點的都市，由於控制了加普亞就等於控制了南義大利，因此在古代是個比拿坡里更重要的都市。這也就造成羅馬對於加普亞脫離「羅馬聯盟」投靠薩謨奈族旗下一事，無法就此坐視不管。

羅馬首先成功地擊退薩謨奈援軍，接著便很輕易地拿下了連自我防衛能力都沒有的加普亞，並且將加普亞所有的權貴全都處死。自此之後的百年間，加普亞對羅馬就一直十分忠誠，直到第二次迦太基之役爆發才又投靠漢尼拔。

而羅馬對戰敗者的寬容在當時雖然很有名，但不是對任何人都一樣的。戰敗者可以期待羅馬給予一次的寬容，但再沒有第二、第三次，因為重視名譽與信義的羅馬人絕對不會原諒背棄協約的人。

羅馬在收回通往南義大利的要塞加普亞後的第四年，也就是西元前三一二年，開始從羅馬鋪設一條通往加普亞的阿庇亞大道，正式開始利用街道作有機的戰略網路。

羅馬收回加普亞後，並沒有一舉擊破薩謨奈族，但並不表示就此停止從義大利中部往南的勢力滲透計畫。

羅馬利用四支部隊一點一點地將薩謨奈族統治下的地方吞併到自己的勢力圈內，戰敗國一一列入同盟，並且在重要地方建設殖民地，以強化羅馬聯盟圈。

最後，一直被逼到山裡去的薩謨奈族終於與羅馬締結和平條約，這次的和談和康迪維時不同，是持劍武裝的和談，但羅馬仍舊穩健從容以對，以致於後世的羅馬只要一談到這段歷史總是津津樂道。

然而，這次的和平只維持了六年。

羅馬北方的民族見羅馬將視線放在南方，覺得是個入侵的大好機會，因此蠢蠢欲動。西元前三九〇年時曾占領羅馬、後來住在濱臨波河的亞平寧山脈北側的高盧人，也開始再度覬覦羅馬。

被羅馬人用各個擊破攻勢，以致不斷被吞蝕的伊特魯里亞民族，也與高盧人站在同一陣線。

另外，住在亞平寧山脈近亞德里亞海岸處的溫布里亞族，也加入對抗羅馬的聯合戰線。被羅馬趕到山地的薩謨奈族，看到前面三個民族的結合，也決定參戰。

從北東南三方被圍攻的羅馬，這時正好可以試試精進後的羅馬軍的實力。

西元前二九七年，羅馬元老院發布緊急通告，宣布除了十六歲到四十五歲原本就須服役的公民外，原本已經除役但未滿六十歲的預備役也須加入作戰。

然而，在這種緊急情況下，執政官卻沒有任命獨裁官。因為當時執政官覺得適任獨裁官的人選是貴族法比烏斯家族中的某一成員，但由於並沒有確切的證據足以證明他能夠獲得平民的支持，因此不敢貿然任命。執政官如此重視國論一致的作法，無非也是希望能避免貴族與平民的再度對立。

不過，平民階級也許會反對法比烏斯出任擁有絕對權力的獨裁官，但卻不反對選他為執政官，所以當年便推選昆提烏斯·法比烏斯及年輕的伯羅米尼烏斯兩人為執政官。這一次已是法比烏斯第五次擔任執政官職務了。

法比烏斯對於自己沒能當上獨裁官倒沒有什麼話說，但卻對同時當選的另一位執政官有意見，還到公民大會發表演說：

「我已經是個老頭子了，一個年紀大的人想要和年輕小伙子溝通實在是很困難，我是很想把執政官的工作做好，為國家盡最後一點力量，但我希望和我一起配合的人能夠是曾擔任過三次執政官，而且也和我一起上過戰場的老朋友狄奇阿斯。」

獨裁官和執政官最大的不同，並不在於任期是六個月或是一年，而是獨裁官可以單獨作決定，執政官卻必須徵得另一人的同意才可以行事。因此，兩位執政官是否合得來，也就直接關係到執政官的任務能否順利進行。

公民大會在聽了法比烏斯的演說後，重新投票選出法比烏斯與狄奇阿斯兩人搭檔，而在上一次的公投中得票數僅次於法比烏斯的伯羅米尼烏斯，則變成與執政官同等級的前執政官，被派到薩謨奈族的領地盯哨。

第四次擔任執政官的狄奇阿斯，並不像第五次擔任執政官的法比烏斯是貴族出身，他出身於平民階級。

執政官選舉結束後不久，羅馬便獲得一項消息，指稱薩謨奈軍已經在北上中。於是法比烏斯和狄奇阿斯就下令已編成數小隊的羅馬軍隊，前進敵軍四民族所居住的地方做徹底的破壞。這種游擊戰法，羅馬人也學起來了，它超強的機動力一直到後世仍是羅馬軍隊的最大特色。這次破壞作戰的頭陣指揮，就是在康迪維山谷屈辱投降的執政官聖提伍姆斯。

不久之後，高盧、伊特魯里亞、溫布里亞、薩謨奈四軍便在亞平寧山脈東部的先德努姆集結。而此時，尾隨而至的羅馬軍本隊也在距離敵軍六公里遠的地方布下陣仗。

敵方在作戰會議中決定不同時出兵，先派出高盧與薩謨奈軍應戰，接著再由溫布里亞與伊特魯里亞軍接應。

不久之後，法比烏斯就知道敵軍的作戰計畫了，因為有三名敵方的伊特魯里亞士兵偷偷潛出營區前來向法比烏斯密報。法比烏斯感覺到伊特魯里亞內部已在分裂中，於是謝過三名伊特魯里亞士兵之後，立刻傳令到正在做破壞戰的部隊，要他們將破壞活動集中到伊特魯里亞領地。

他的指揮很快地就收到效果。伊特魯里亞見自己的國家遭遇如此的慘狀後，軍心不定，便在戰爭開打前脫離戰線。

但是戰爭仍舊開打，敵方的薩謨奈軍及高盧軍分別從左右夾攻羅馬軍。而羅馬軍方面，則由法比烏斯帶領第一與第三部隊迎戰薩謨奈軍；狄奇阿斯率領第五與第六部隊與高盧軍對抗；而伯羅米尼烏斯指揮的第二與第四部隊，則到南方阻斷薩謨奈軍的接應。

戰況的勝敗局勢雖然還不明朗，不過卻對羅馬軍有利。

法比烏斯看得出薩謨奈軍及高盧軍的戰鬥力雖然強大，但只要時間一拖長，他們的戰鬥力就會被削弱。因此羅馬軍一開始採取躲避策略，等到敵軍的戰鬥力變弱了才全力投入戰局；而等著與敵軍作最後一擊的羅馬騎兵隊，這時只好在羅馬軍的右側待命。

另外狄奇阿斯這面，由於性格使然，從戰局一開始就決定全力猛攻，因此羅馬第五與第六部隊和高盧軍對決時就馬上展開激戰。狄奇阿斯眼見敵我軍隊一直不分勝負，情急之下便下令騎兵隊加入戰局。

然而，高盧軍隊的勇猛是很有名的。它的軍隊組成相當於後來凱撒集合高盧出身者所組織的羅馬騎兵隊，再加上西元前二九七年戰事爆發的戰場，又離高盧人在義大利所住的地方很近。所以高盧軍隊可以說是卯足全力為保衛國家而戰，戰力之強根本不是狄奇阿斯指揮的羅馬軍所能抵擋的。羅馬軍隊的馬一匹匹倒下來，連重裝步兵也陷入恐慌的狀態。

狄奇阿斯見大勢不妙，於是大聲地向神明立下誓願說：願意用自己的生命換取羅馬的勝利。原本正要逃走的羅馬士兵聽他這麼一說，便羞恥地繼續回到司令官的指揮下衝鋒殺敵；而法比烏斯的軍隊這時也趕過來支援，整個戰局因此急轉直下。

而在法比烏斯戰場等待時機的騎兵隊此時也加入作戰，從敵軍步兵團的兩面夾擊。法比烏斯見陣腳大亂的薩謨奈軍隊逃到友軍高盧人的軍隊裡去，便調回騎兵隊下令從高盧軍的背後突擊。後來薩謨奈軍的總司令官戰死，被包圍的高盧軍爭先恐後地想逃回自軍的營地，但在進入營地前便被羅馬士兵一一殺死。

當天的戰鬥，敵方損失二千八百名士兵，俘虜有八千名。

而由狄奇阿斯指揮的軍隊戰死人數，有七千人；法比烏斯方面則折損一千七百人。

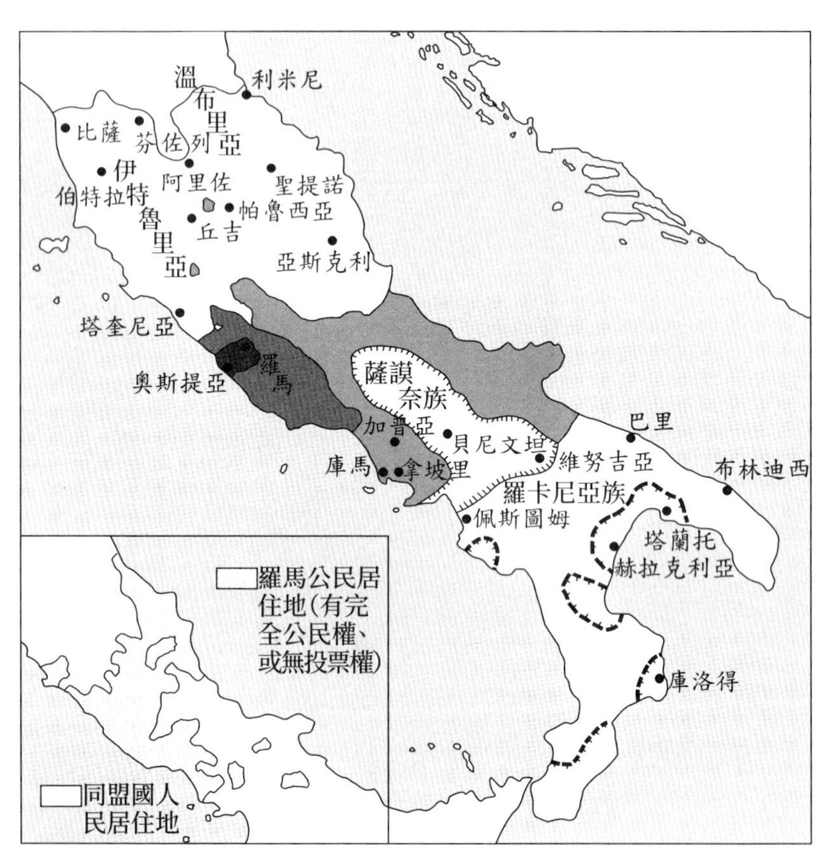

王政及共和時期（西元前六世紀中葉）羅馬的領域

拉丁同盟解散時（西元前338年）的領域

西元前338年到前298年間（薩謨奈戰爭爆發前）的領域

西元前298年到前264年間（迦太基戰役爆發前）的領域

薩謨奈族的勢力範圍（歸屬羅馬聯盟之前）

南義大利希臘殖民都市的勢力範圍（歸屬羅馬聯盟之前）

羅馬統一義大利半島時的領土經緯

戰爭結束後，執政官狄奇阿斯就不見了，或許是他的人被壓在敵軍的亂屍之下，到了晚上仍舊找不到他的屍體，一直到第二天之後才被找到。難過的法比烏斯鄭重地安葬了同袍的遺體，並且朗讀了一篇盛讚狄奇阿斯生前英勇事蹟的祭文以憑弔老友之死。

從古至今，歷史學家一致認為羅馬人的特質之一，就是能夠將失敗的傷害減到最低，將勝利作最大的發揮；而西元前二九七年的這場勝仗，就是其中一例。

西元前二九〇年，頑強反抗的薩謨奈族終於向羅馬軍低頭，提議談和。

薩謨奈族居住的地方，變成「羅馬聯盟」中的一個同盟國，羅馬公民團體在薩謨奈人所住的山岳正中央建設殖民地。西元前二八五年，本來連結羅馬與加普亞的阿庇亞大道，延長到殖民地維努吉亞。

羅馬霸權的擴大，從它增設了包括阿庇亞大道在內的六條街道就可以看出，它們全都是首都羅馬及地方的戰略要地，並且與殖民地連結。

最後，羅馬在西元前二九〇年完全稱霸義大利中南部，開始直接掌管南義大利沿岸繁榮的希臘都市。

與南義希臘世界的對決

敘述歷史的難處在於要明確地劃分時代，清楚地記錄這個時代如何，那個時代如何，尤其在記載戰史時更為困難。

原因之一是，幾乎所有事情的發生都具有重疊性；另一個原因則是，任何重大事件都由偶然開始。雖然有人認為歷史是由必然的原因繼續發展而成的，但也有人認為歷史應是累積無數的偶然所致。

因此歷史的主角——人類所追求的就是，及早處理會有壞結果的偶然，並將會有好結果的偶然變成必然使它持續發展。在很多方面都令人覺得大器晚成的羅馬人，在這方面的表現則比其他民族更優秀。

西元前二八三年，位於馬靴形義大利半島鞋跟處的塔蘭托海域，突然出現了十艘羅馬船艦。自從拿坡里一帶納入「羅馬聯盟」後，原本是陸地型民族的羅馬也開始擁有小規模的船隊，而當中的十艘船為了躲避暴風雨而到塔蘭托港避難。

塔蘭托在南義大利的希臘殖民城邦國家中有很重要的地位，在羅馬與薩謨奈民族交戰期間即與羅馬達成互不侵犯協定；而羅馬船隻入港避難在塔蘭托人看來是羅馬人違反協定的舉動，因此塔蘭托人才會在沒問明理由的情況下予以攻擊。

塔蘭托不僅是通商民族，也是海運國，羅馬在海上根本不是塔蘭托人的對手，不消一會兒工夫就被打落五艘船隻，船員全軍覆沒，剩下的五艘費盡工夫才得以脫逃。

之後，羅馬雖然向塔蘭托表明此事並無侵略意圖，並向塔蘭托求償，但塔蘭托人民卻對前來談判的羅馬使節加以嘲笑，笑他的希臘語口音，還將他趕回羅馬。此事後來便成為羅馬決定開戰的導火線。

現在的塔蘭托不只是義大利海軍主要的軍港，本身也是天然良港。羅慕路斯率領三千名流離失所的拉丁人在臺伯河畔建立羅馬的同時，一群從斯巴達來的移民也在義大利半島南端建立了塔蘭托，而且兩者同為城邦國家。

但是不論是塔蘭托或西西里島的敘拉古，南義大利上的希臘殖民城邦都是由一群深諳城邦國家建設的人所建立，所以這些國家很早就已成熟，並有「大希臘」之稱，繁榮的程度可見一斑。尤其西元前三世紀前半，雅典、斯巴達、底比斯等希臘半島有力的城邦國家一一瓦解，馬其頓王國也因亞歷山大的早逝而陷入混亂的局勢中，「大希臘」因而更加快速地成長繁榮。

另一方面，西元前五、六世紀羅馬仍在緩慢成長階段，義大利半島上最強的兩大勢力為北方的伊特魯里亞人及南方的希臘人。羅馬人與鄰近的伊特魯里亞人早有往來，但羅馬人與南方繁榮富裕的希臘人五百年來卻無接觸的機會。因為羅馬並非通商的民族，彼此之間並無商業往來，且位於義大利中部的羅馬與義大利南端的希臘城邦國家之間還有廣大的土地，因而造成彼此的隔閡。

而羅馬人開始與希臘人有往來，是在它建立同盟國逐步擴展勢力，打敗薩謨奈族之後。而「大希臘」各國間與希臘人完全沒有政治上的關係，像斯巴達人入殖後才開始發展的塔蘭托也和軍事國家斯巴達相反，成為像雅典一樣繁榮的通商國。但是由斯巴達人所建設的塔蘭托與科林斯人建設的敘拉古則都深深地遺傳了希臘人的個性。

希臘以城邦國家之姿繁榮成長，所關心的是國家中心的城邦與周邊的國家，至於將勢力擴張至國外，他們可沒興趣。

即使這類看法有了改變，撇開經濟與文化的交流不談，城邦還是屬於封閉性社會，而且「大希臘」的各城邦從來沒有團結過。希臘本身的城邦群除了波希戰爭外，從沒採取過同一步調。

即使如此，希臘人仍然靠它優越的智力使各城邦能擁有強大的經濟力。羅馬人當初也沒想過要與當時最強大的塔蘭托發生衝突，因為靠港事件造成船員死傷而請求賠償時，正值薩謨奈戰爭結束急需努力奠基重新出發的時期，所以羅馬元老院大部份的議員皆傾向於大事化小，小事化無。後來決定與塔蘭托開戰後，羅馬也沒有馬上派兵南下。

不過塔蘭托卻認為羅馬一定會開戰。但令人驚訝的是，原屬軍事民族斯巴達人後代的塔蘭托人竟然因討厭軍務而以僱用傭兵的方式來保衛自己。因為需要從國外募集傭兵，必須及早計畫對策，塔蘭托因此必須花費更多的金錢來渡過難關。

而塔蘭托看中的將軍竟是當時地中海世界最強的將軍——希臘北部伊庇魯斯的皮拉斯國王，由此也可看出塔蘭托強大的經濟力。至於傭兵的條件則不得而知；不過塔蘭托答應皮拉斯，如果他願意幫忙攻打羅馬，塔蘭托會提供三十五萬名的步兵與二萬的騎兵。

當時無論在地中海國家或東方，都蔓延著所謂「亞歷山大症候群」的現象。亞歷山大三十三歲即英年早逝，他的豐功偉業經由參與東征的人口耳相傳，充滿野心的希臘男子莫不以他為榜樣，而皮拉斯則被大家公認為亞歷山大的接班人。

而皮拉斯也引以為榮，事實上，伊庇魯斯正是亞歷山大母親的娘家。與亞歷山大有血緣關係的皮拉斯不知是否受到亞歷山大的影響，不僅喜歡荷馬敘事詩的英雄阿奇里斯，而且還迎娶埃及的公主為妻，不忘誇耀他作為亞歷山大接班人的實力。

塔蘭托的使者前來造訪皮拉斯時，他正好四十歲，這個年紀對一個將軍或男人來說正是各方面最值顛峰的時候。事實上，皮拉斯並不是因為要與羅馬打仗而感到興奮，而是為了塔蘭托為他準備的三十七萬兵力而動心。

《列傳》的作者普魯塔克對這位將軍愉快的心情曾寫下以下這段愉快的小故事。

有一次，皮拉斯身旁的人問他：「羅馬人是公認的優秀戰士，而且也與很多的部族打過仗，如果戰勝羅馬人的話，將如何？」

「當然，如果能讓羅馬人屈服的話，其他民族就不會與我為敵，廣大富饒的義大利遲早會是我的。」

「征服義大利後，您打算如何？」

「西西里島最接近義大利，農產豐富、人口眾多，我是不會放過的，很容易手到擒來。自從阿加特克雷斯離開後，西西里島內外交戰，已呈無政府狀態。」

與亞歷山大同時期的敘拉古僭主阿加特克雷斯也有所謂的「亞歷山大症候群」，他不安於西西里島而與迦太基挑戰，一時間轟動西地中海，同時他也是皮拉斯其中一任妻子的父親。但是他卻在九年前，野心實現一半時不幸病死。

皮拉斯身邊的人又問：「征服西西里島也許真的那麼容易，如果征服了西西里島是否也表示我們遠征的結束呢？」

皮拉斯堅定地回答：「我們的勝利是神賜與的，我們報恩最好的方式便是將勝利建立在更大的基礎上。征服西西里島後，利比亞及迦太基皆在我們的勢力範圍；阿加特克雷斯能做到，我們沒有做不到的道理。而且如果我們做到了，我們的敵人一定會更怕我們。」

「當然，敵人一定會嚇得發抖的。有了這麼強大的勢力後，馬其頓及希臘一定會心悅臣服的。不過，大王這之後又將如何？」

皮拉斯笑道：「是該要休息個夠了，不是嗎？每天喝醉過日子，喝得醉醺醺地回想當年戰爭的事績如何？」

身旁的人小心戒慎地問：「現在不能喝醉嗎？又沒人能阻止，也不是沒有值得回憶的戰事，現在根本不需要再冒險；而且這不僅會害別人，連我們也會受害的。」

這個問題似乎破壞了皮拉斯的情緒，但是他的心志卻沒有改變。皮拉斯首先派遣三千名的前衛隊前往塔蘭托，等待運輸船隊的到達；其中包括二萬名步兵、三千名騎兵、二千名弓箭手、五百名投石兵以及二十頭大象；之後再由皮拉斯領軍前往義大利。西元前二八〇年春天，一場戰役就此展開。

戰術天才皮拉斯

從希臘西北方的伊庇魯斯到義大利，只要橫切亞德里亞海即可到達。以現在船艦的速度，深夜從布林迪西出發早上太陽升起前即可到達。不久前滿載阿爾巴尼亞難民的破船出現時曾造成義大利人民的恐慌。

要到達塔蘭托必須繞過義大利半島的鞋跟處，所以航程有一點長，但不會超過一天。即使是距今二千三百年前，也只須數日的航程。所以阻礙皮拉斯西征的不是距離，而是在春天也會來襲的暴風雨，皮拉斯因此損失了二千名的士兵以及二頭大象。

迎接皮拉斯到來的塔蘭托街道並無任何戰事準備，露天劇場及體育館人山人海，原先答應的三十七萬士兵也沒見到蹤影。氣憤得不知如何是好的皮拉斯下令關閉劇場及體育館，因此惹得塔蘭托人民很不高興。

雖然如此，適合打仗的夏天逼近了，羅馬軍隊開始南下，皮拉斯要以自己從希臘帶來的軍力一決勝負，總計是二萬六千五百名士兵及十八頭大象。

另一方面羅馬對於與名將皮拉斯的作戰並無萬全的準備。一來是原本就沒有要與塔蘭托交戰的意思；二來也是因為羅馬投入軍力準備攻占伊屈斯根，所以羅馬執政官雷比努斯只率領一半軍力而已。

不過就在皮拉斯接受塔蘭托為他準備三十七萬大軍的條件後，羅馬也將北部一半的兵力調往南方。以塔蘭托擁有的財力要從哪兒僱傭都不是不可能的事，只是不曾守衛家園的塔蘭托人一點也沒感受到自己正處於生死存亡的危機中。

羅馬懼於名將皮拉斯及三十七萬兵力的威力，所以必須在他成軍前加以摧毀，不過對即使與北方戰力結合也不過只有四、五萬兵力的羅馬而言，似乎是不太可能的事。

事實上，羅馬與皮拉斯第一次較勁，是在艾拉克雷亞順著海岸延伸出去的平地，這種地形對羅馬軍非常不利，於是顯得有點急躁。但羅馬人並未發覺處於劣勢，而這也是羅馬人第一次看到大象這等巨大的動物。

雙方的戰力大致是相等的，皮拉斯共有二萬六千五百名士兵及十八頭大象，另一方面，由雷比努斯所率領的羅馬軍隊，加上同盟國的軍力共有二萬四千名士兵，步兵與騎兵的比率都為九比一，而古代戰爭的主力是重裝步兵。

羅馬的重裝步兵是以百人隊為中心。不過當時在地中海世界有名的還是希臘的重裝步兵，亞歷山大東征時所率領的就是重裝步兵團。

皮拉斯與羅馬的戰爭同時也是一場既有勢力與新興勢力的重裝步兵團之戰。

皮拉斯在探查完羅馬的陣式後，對身旁的奇尼亞斯說：

「那些野蠻人的陣式倒不野蠻，至於結果如何明日便知分曉。」

希臘人對於別族皆稱為野蠻人，兩軍所展開的陣式是完全不同的。羅馬軍採取在薩謨奈戰爭時所用的長形陣式，是較適合山地的陣式；而皮拉斯則是橫形陣式，而且將大象置於兩翼，想用大象來擊破羅馬分置於兩翼的騎兵。

戰況果真如皮拉斯所預料的，希臘的大象群成功地擊破羅馬的騎兵隊；而皮拉斯所率領的騎兵隊則順利地包圍羅馬軍。皮拉斯不僅被譽為驍勇善戰的武將，同時也是沉著冷靜的戰略家，他在投入前線戰爭時，也不會忘記時時掌握戰爭的變化。

被包圍的羅馬軍死傷七千人後敗下陣來；此時皮拉斯的軍力也折損不少，光戰死者就有四千人，而且都是從伊庇魯斯帶過來的兵力，無法恢復軍力。就此點看來，皮拉斯的軍隊損失較重。

羅馬敗北的消息很快在南義大利傳開，那些早就對羅馬懷有不滿的人們紛紛志願加入皮拉斯的軍隊，皮拉斯很快就補回原本損失的兵力。在第一戰就傳出捷訊的皮拉斯於是下定決心北上攻打首都羅馬，因為他認為羅馬的各同盟國應該會在此時叛離羅馬。

但是他估計錯誤了，「羅馬聯盟」的同盟國並沒有背叛羅馬，無論是拿坡里或是加普亞，就連先前和羅馬纏鬥許久，最後才屈服的薩謨奈民族，也都拒絕了皮拉斯的邀請。這對於已經推進到距離羅馬只剩六十公里的皮拉斯來說，無疑是一項重挫。

皮拉斯從阿庇亞大道進攻，平坦筆直的大道對皮拉斯的軍隊很有利。羅馬也知道這點，於是召集無產階級來守衛羅馬，這些沒有財產，勉強可以稱小孩為其財產的無產階級市民，向來沒有納稅的義務。由於當時以兵役代替直接稅，所以他們從來沒上過戰場。換句話說，這是建國以來第一次徵召無產階級，可見事態的嚴重。

然而，羅馬並沒因此大亂陣腳，也沒有任命獨裁官，因為羅馬還有一半的戰力，至於雷比努斯也沒有因為戰敗被撤職。

羅馬人所害怕的事情也沒發生，因為皮拉斯非常沒耐心，遠征羅馬及羅馬聯盟並未如預期解散，再加上羅馬召集無產階級增加兵力等種種因素，打消了皮拉斯攻打首都的念頭。

回到塔蘭托後，皮拉斯當中間人派自己的親信前往羅馬，替塔蘭托向羅馬提出和談之議。

第一個條件便是要求羅馬要尊重南義大利的希臘城邦，而且永久不可侵犯。第二便是在希臘城邦與羅馬之間設立中立地帶，將在這區域的國家從羅馬聯盟中獨立出來。

但是如果羅馬同意第二個條件，基於中立地區的戰略需求，就必須撤去盧奇里亞及維努吉亞這兩個殖民地，而通往維努吉亞的阿庇亞大道也失去了原本政略上的意義。

皮拉斯派往羅馬的使者也準備給羅馬婦人高價的禮物，這並非想收買人心，而只是單純的見面禮；但是羅馬婦女並不領情，不是不收敵人的禮物，就是予以退回。

另一方面，羅馬的男人們則認真地檢討皮拉斯的和解案，因為這場戰爭原本就不是以征服塔蘭托為目的。而且在領教過皮拉斯的戰略及大象部隊的破壞力後，羅馬士氣低落，所以元老院的多數議員開始傾向於和解。

不過退休的克勞狄斯在知道此事後卻非常生氣。克勞狄斯是鋪設阿庇亞大道的人，在家族中只有他被特別稱為「財務官克勞狄斯」，又因為他已上了年紀眼睛幾乎看不見，所以也有人叫他「盲眼克勞狄斯」。

行動不方便的克勞狄斯在眾人攙扶下，再度回到元老院發表嚴正的演說。

他表示皮拉斯是破壞我們家園的敵人，沒有資格談和解的條件。這一番話使得元老院的氣氛整個為之丕變。

即使如此，羅馬似乎仍無拒絕和解的決心，在皮拉斯的允許下，羅馬派遣特使前去將羅馬俘虜贖回，皮拉斯對特使說：

「我不是來義大利作生意的，我們雙方的恩怨就留到戰場吧！但是成為俘虜的羅馬兵就當作能順利和解的禮物，你可以帶他們回去了。」

雖然這位特使將俘虜帶回羅馬，但是這六百名俘虜並不是在達成和解的情況下被帶回的，而是在皮拉斯單方面的同意下才得以返回羅馬。

當俘虜回到羅馬後，元老院再度開會，決定拒絕皮拉斯的和解條件，而最後這六百名俘虜又一個不留地回到塔蘭托。

差不多同時期，元老院有一位祕密到訪的外國訪客。據說他是皮拉斯的私人醫生派來的使者，他表明只要羅馬願意給好處，他就可以為羅馬毒殺皮拉斯。元老院獲知這件事後，立刻將它一五一十地告知皮拉斯。皮拉斯為了報恩，又將六百名俘虜送回羅馬，這時羅馬也將希臘的俘虜安全送回。

這一來一往之間，戰事頻仍的春天又到來了，就如皮拉斯先前所言，雙方必須在戰場上一決高下，不過這次羅馬在選擇戰場時倒是十分慎重。

這次的戰場在奧迪烏斯，位於盧奇里亞與維努吉亞兩大殖民地中間，在羅馬勢力圈的前線。羅馬人認為，山地地形是對付皮拉斯軍隊最佳的選擇。

這次雙方勢均力敵，羅馬軍共有四萬名士兵，而皮拉斯方面連志願軍在內剛好也有四萬名的兵力。

這次的戰場與第一次戰爭時不同，異常地狹小，但是皮拉斯應付這種戰場也有一套不同的戰略。他機動性地調度重裝步兵團，不過由於山區還是不利於馬和大象行動，因此開戰第一天就在不分勝負情況下結束。

第二天，皮拉斯改變了戰術，將羅馬軍引至較平坦的地區，由於誘敵技巧非常高明，羅馬軍完全地被瞞騙過去。

一旦將羅馬軍引至有利的地區，皮拉斯的戰術就能有效地發揮了。戰況就像第一次一樣，羅馬軍不但戰死六千名士兵，還損失了一名執政官。

但皮拉斯方面的損失也不小，陣亡士兵人數達三千五百人，其中大部份是從伊庇魯斯帶過來的士兵。

皮拉斯雖然打敗羅馬軍，但他的心情並不愉快。他對親信說：

「每戰勝羅馬一次，我軍的戰力就衰退一次。」

皮拉斯在這次戰爭中也受了傷，雖然沒有生命危險，但卻充分地考驗了他的耐心。

皮拉斯回到塔蘭托後，有一位來自西西里島同盟國的使節到訪，請求皮拉斯幫助他們抵擋迦太基人的攻擊。因與羅馬交戰而心情不好的皮拉斯並沒有問清楚細節便答應下來。

也許是因為他認為拿下西西里島後，下一次便可征服迦太基，因此整個心情豁然開朗。他向塔蘭托人民表示西西里島的戰役沒問題，他很快就會回來，於是率領自己的部隊渡過墨西拿海峽。

但是要拿下西西里島並非易事，在西西里島的三年間最讓他煩惱的並不是迦太基人，而是他的同胞——西西里島的希臘人。

南義大利的希臘殖民城邦雖與羅馬同時建立，但繁榮的時間卻比羅馬長。希臘殖民城邦的勢力從建國之初就比鄰近國家強盛，但長期的繁榮使得人心顯得更為複雜，皮拉斯的騎士精神在此處根本派不上用場；再加上希臘人依然保持著特有的強烈獨立性格，因此就連身為希臘人的皮拉斯也無法與他們協調。

皮拉斯被這些人離間、背叛並愚弄一番，甚至連自己都身陷危險。浪費了三年的時間後，他帶著至今只剩一半的軍隊回到塔蘭托。但塔蘭托的人民也與西西里島的同胞一樣，不僅處處給皮拉斯臉色看，也吝於給予軍事援助；而且這三年的空白也使得那些跟隨皮拉斯征戰的人失去信心。

反觀另一方面，羅馬在這三年中則更加鞏固「羅馬聯盟」的勢力，各同盟國之間也更堅定地支持羅馬。

西元前二七五年的夏天，剛從西西里島回來的皮拉斯，決定再與羅馬搏一搏。根據偵察兵帶回的消息指出，羅馬軍分兩路，一路前往馬爾奔特，另一路則在南方的山區行軍中。

皮拉斯首先攻擊在馬爾奔特的羅馬軍隊，然後再對付剩下的另一半軍隊，這對於只剩一半兵力的皮拉斯來說，可能已是最好的辦法了。

馬爾奔特在阿庇亞大道必經之地，只須沿大道北上不必花太多時間就可到達，為了彌補戰力上的劣勢，皮拉斯必須在黎明前攻擊位於馬爾奔特的羅馬軍隊，但是皮拉斯軍隊在山區行軍的時間卻比預定時間還長，因此等他們到達時已經是黎明了。

羅馬對皮拉斯這次的攻擊行動並不感驚訝，因為他們早已從被大象叫聲嚇到的人們口中得知此事了。於是羅馬軍以迅雷不及掩耳的速度攻打皮拉斯的軍隊，戰況雖然激烈但羅馬軍隊始終保持優勢，甚至還抓到幾頭大象。

當羅馬軍知道皮拉斯的行動時，執政官馬尼烏斯早已火速請求在山區行軍的友軍給予支援，所以援軍的到來只是時間早晚的問題而已。皮拉斯這次戰略之所以會失敗完全是行動提早曝光的結果。

皮拉斯趁著全軍覆沒之前趕緊撤退，返回塔蘭托。

這年的秋天，皮拉斯悄悄地返回伊庇魯斯。原先跟隨皮拉斯的二萬八千五百名士兵，至今只剩八千名步兵與五百名騎兵，而大象則已不知到底還剩幾頭。三年後，皮拉斯在對斯巴達戰爭中喪生。

當時迫使在地中海世界赫赫有名的皮拉斯返回伊庇魯斯的這個事件，使羅馬一躍而為國際焦點。原本只是拉丁民族建國的羅馬，因為這件事而成為東地中海注目的對象，二年後甚至還有迦太基和埃及的特使前來示好。

不過羅馬人並未因此怠惰，他們將馬爾奔特，這個打敗值得紀念的對手皮拉斯的戰地，由原先的「惡風」之意，改為貝尼奔特，意思是「良風」。並且在西元前二七二年對塔蘭托發動攻擊，塔蘭托很快就被攻下。

塔蘭托就此成為羅馬的同盟國，並成為羅馬在南義大利的海軍基地，因此塔蘭托與其他同盟國不同，並無自治權。即使是現在，塔蘭托仍然是軍港，西元一九九一年波斯灣戰爭時，塔蘭托還曾出動艦隊呢！

阿庇亞大道也延伸至塔蘭托，數年後更延長到布林迪西，至此阿庇亞大道完全完成。西元前二六七年，羅馬開始流通同盟國內的貨物，貨物有時甚至遠達南義大利，這也是羅馬維持對外關係的開始。

開始只是個偶發事件，但在後世看來羅馬統一義大利半島卻似乎是歷史上的必然結果。羅馬建國以來耗費了五百年的時間，終於在西元前二七〇年前後統治了北以盧比孔河為界，南到墨西拿海峽的義大利半島。

羅馬與西西里島只隔墨西拿海峽相對，羅馬與皮拉斯一樣覬覦西西里島對岸的迦太基，不出十年羅馬便拿下了迦太基。

結 語

羅馬於西元前七五三年建國，西元前二七〇年統一義大利半島。《羅馬人的故事》第Ⅰ冊《羅馬不是一天造成的》指的便是這五百年間的事。為了完成這冊書，我把一般公認必讀的研究書和歷史書都讀了一遍。我的知識當然是來自於這些研究者，這點不容質疑。只是，光閱讀這一類資料，總覺得隔了層面紗。直到我開始讀到這些研究者所援引的原始史料，也就是古代的歷史書之後，才有了深刻的感受。

在事發相近年代所寫的歷史書，一般被學者稱為原始史料或第一手史料，有關羅馬的原始史料，這裡列舉以下四本：

一、李維斯的《羅馬史》。
二、波力比維斯的《歷史》。
三、普魯塔克的《列傳》。
四、出生於哈里卡那索斯的戴奧尼索斯的《古羅馬史》。

李維斯 (59 B.C.~17 A.D.) 是出身上層社會的羅馬公民，一生致力於撰寫一百四十二卷的《羅馬史》。不過，歷經黑暗的中世紀後，現在只剩從建國到西元前二九三年的十卷及西元前二一八年到前二〇二年的九卷，加上西元前二〇一年到前一六七年的十四卷，總計三十三卷而已，剩餘的大多短缺殘破。

本書最大的歷史價值在於它記載羅馬全盛時期的羅馬人的想法，典型的編年體，將複雜的史事詳細記載，是一本門外漢很難入門但卻可清楚表達羅馬人思想的史書。

波力比維斯 (202 B.C.~120 B.C.) 是土生土長的希臘人，因希臘戰敗而被俘虜至羅馬當人質，也因而使他更能看清現實。他之所以會寫《歷史》的原因，雖然在開頭並沒有詳述，只是簡單地帶過，但一般認為是因為他對希臘的沒落與羅馬的興盛原因感到疑惑，才會寫這本書。

在這四名作者中，《列傳》的作者普魯塔克 (46 A.D.~120 A.D.) 以《英雄傳》一書聞名；套句現代話說，他可以稱得上是個暢銷作家，他與波力比維斯一樣也是希臘人。

《列傳》不是記載自己的歷史，更像是想刻劃人心一般地把希臘與羅馬的偉人並列敘述，不過如果因為它的內容充滿輕鬆的敘述就單純地以為這是本有趣的書，那就錯了；事實上它充滿了銳利的評論，尤其是對革命家典型的人物更有嚴格的批判，而且還充滿了一個歷史學家在深度觀察後的感嘆。如果能好好地加以利用，這將是一本很好的史書。

《古羅馬史》的作者戴奧尼索斯的生卒年不詳，在西元前七年時完成此書，大概是奧古斯都時代的人吧！

《古羅馬史》記載從建國到西元前二六四年的歷史，總共二十卷，但完整保存的記錄只到西元前四四〇年。

戴奧尼索斯與波力比維斯、普魯塔克不同，他為了寫羅馬史而移居羅馬，一邊以教希臘語及修辭學為生，一邊完成《古羅馬史》。

位於小亞細亞的哈里卡那索斯（現在的波德姆）曾經擁有如雅典般的文化，而出生於這個小城邦的戴奧尼索斯就一直很想了解羅馬興盛的原因。

不論是同時期或是時間相距不到一百年的歷史著作，經常會讓我有種無法認同的感覺，但我卻頗能接受這三位歷史學家的看法，理由有四個。

第一個理由是，這三人都從不把羅馬興盛的原因歸於精神層面。我本身也不認為這種感性的態度會是一個國家興盛或衰退的原因，因此要將羅馬的命運歸於精神層面上的理由實在是很牽強。

我認為羅馬興盛的原因在於政治制度。雖說人心不是那麼容易動搖，也不是那麼容易改變，但想要改變時，就需要靠制度化。

第二點，他們三人不是生長於基督教社會，而我本身也非基督徒，所以並不會受基督教的倫理價值觀束縛。例如耶穌說：「信我者得永生。」雖然我也認為信仰會使人獲得心靈上的安定，但我還是比較認同伯里克里斯所說的：「貧窮並不可恥，可恥的是不想擺脫貧窮。」而且歷史中要寫的是基督教尚未出現的時代，因此不能以基督教的價值觀來判斷當時代的事物。

在充滿濃厚中世紀色彩的但丁《神曲》中，因為言行有罪而下地獄的全是基督徒，他們被評為「不了解信仰」。而身為異教徒的荷馬、蘇格拉底、亞里斯多德、羅馬建國者布魯圖斯及凱撒等全被置在地獄外的陽光下，連但丁也並不把古代人視為基督教徒。

第三個理由便是他們三人並不受到自由、平等、博愛的理念所束縛，所以容易看清現實。即使理念與體制不相容也會有好的一面，但因體制的關係也難有良好的發展。

不過，當哈里卡那索斯的戴奧尼索斯在談及英明的領導者到底會將他所統治的國家帶往何等境界這個議題時，都會舉伯里克里斯與奧古斯都兩人為例。

如果現在有學生還將兩人歸為是同一類，大概會被老師當掉吧！伯里克里斯是雅典民主政治的舵手；而奧古斯都則是羅馬帝政的創始者，革新與保守是不能相提並論的。

但是如果將自由平等的高尚理念放一旁，雅典的民主政治在伯里克里斯的領導下逐漸成熟；而羅馬帝政也是因奧古斯都而逐漸穩固。所以人民的幸福，其實和民主或帝制無關，德政才是關鍵因素。

附帶一提的是，伯里克里斯不僅被視為優秀的領袖，在法國大革命後更被譽為民主主義的桂冠得主。

我出身於高唱自由、平等、博愛的現代，對這些高尚的理想竟然未能實現一直存有疑問。

歷史總是讓這些有崇高理想的民族無法實現夢想；反而是由另一類型的民族完成了某些壯舉。我認為二十世紀末人類的疑惑，是來自法國大革命後對於理想的過度憧憬。

第四點則是意識上的觀點。他們三人雖然立場各異，但是對於高度發展的希臘的沒落與羅馬的興盛原因倒有一致的觀點。

他們三人都是希臘人，所以對於這個問題會有比較真切的感受，就如同歐美人對於迅速成長的日本會產生諸多疑問一般。所以如果由羅馬人來評論羅馬的興盛原因，就會像日本人寫日本論一樣容易有盲點。

不過如果問我是否與這三人有一樣真切的觀點，答案則是否定的。我認為如果單只靠軍事力量是不可能征服眾多民族的，所以這三人的觀點給了我很多的啟示。

這三人對於羅馬興盛的原因提出了以下的觀點：

哈里卡那索斯的戴奧尼索斯認為是宗教影響了羅馬人的想法。因為羅馬人信仰的是守護人類的神祇，屬於性質溫和的宗教，而且羅馬與其他民族互相包容，同時更認同其他民族的原有宗教。

本身也是領導者的波力比維斯則認為羅馬特有的政治系統是羅馬興盛的主因。王政、貴族政治、民主政治各有一套系統，例如王政是執政官制度，貴族政治是元老院制度，而民主政治

薩馬迪亞
亞美尼亞
達其亞
黑　海
帕提亞
特拉布松
西諾培
潘特斯
莫埃西亞
俾斯尼亞
色雷斯
卡帕杜西亞
伊斯坦堡
美索不達米亞
馬其頓
加拉太
帖撒羅尼迦
特洛伊
小亞細亞
西里西亞
安提阿
巴比倫
愛
利奇亞
伊庇
敘利亞
琴
龐弗利亞
魯斯
海
的黎波里
雅典
大馬士革
羅德斯
塞浦路斯
斯巴達
耶路撒冷
希臘
猶太
克里特
死海
阿拉伯
海
亞歷山大
塞利尼
昔蘭尼加
埃及
紅　海

圖拉真時代（西元二世紀初）的羅馬世界

則需要靠公民大會來運作。而羅馬所特有的共和制度不僅消除了國內的對立關係，更建構出了上下一致的體制。

另一方面，普魯塔克則覺得，羅馬人將戰敗國同化為自己的同胞的作法才是羅馬強盛的主因。

希臘對於其他民族一概以蠻族稱之，即使是希臘人本身也常有公民權上的紛爭出現；相反的，羅馬不分種族皆授予公民權，羅馬人在這方面充分表現出勝者的寬容風範。

我認為羅馬興盛的原因是以上三位歷史學者的觀點總和。無論是哈里卡那索斯的戴奧尼索斯提出的宗教、波力比維斯認為羅馬特有的政治系統、或是普魯塔克所提出羅馬人將戰敗國同化為自己的同胞的作法，都顯現出羅馬人開放的性格。

羅馬人在智力上比不上希臘人，體力也遜於高盧人或日耳曼人，工藝發展也不是伊特魯里亞人的對手，經濟力更不如迦太基人優秀，但是羅馬人開放包容的性格正是它超越其他民族的地方。

軍事及建築方面的成就會隨時間而消逝，但是人們對於古羅馬的崇敬卻是永不改變的。古代羅馬遺留給後世最大的遺產就是他們開放的民族性格。

諷刺的是，二千年後的現代人非但在宗教上變得狹隘，連統治理念也變得拘泥，種族之間更存在著嚴重的排他意識，因此羅馬可以說是離我們愈來愈遠了。

在這冊中所提到的羅馬正值成長期，成長期過後的茁壯期，不知羅馬又會遭遇到何種挑戰？會如何渡過？答案將於下一冊中分曉。

大事年表

年代（西元前）	羅馬	義大利	希臘	近東	中國	日本
二〇〇〇		青銅器時代（一八〇〇～九〇〇）	克里特文明（二〇〇〇～一四〇〇）	埃及新王國時代		繩文時代
			邁錫尼文明（一六〇〇～一二〇〇）			
一五〇〇			特洛伊戰爭（一二五〇前後）	美索不達米亞、巴比倫王朝、亞述興盛	殷王權確立（一四〇〇左右）	
一二〇〇			希臘的中世（一二〇〇～八〇〇）	摩西出埃及	周王朝建立（一一二〇）	
			多利安人南下（一一〇〇前後）	猶太王國的大衛（一〇〇四）		
一〇〇〇				字母開始普及		
九〇〇		鐵器時代（九〇〇～）	詩人荷馬時代	腓尼基人建設迦太基（八一〇前後）		
		伊特魯里亞文明興盛				

八〇〇	七〇〇	六〇〇

羅馬	傳說羅慕路斯建立羅馬國（七五三） 第二代王努馬（七一五～六七三） 第三代王圖盧斯（六七三～六四一） 第四代王安庫斯（六四一～六一六） 第五代王塔奎尼烏斯（六一五～五七九） 第六代王塞爾維斯（五七九～五三四） 第七代王「驕傲的塔奎尼烏斯」（五三四～五〇九） 廢除王政、成立共和政權（五〇九）
義大利	在南義大利建設希臘殖民都市，如塔蘭托、拿坡里、敘拉古等（八〇〇～七〇〇） 伊特魯里亞全盛期 伊特魯里亞進入衰退期
希臘	殖民活動（八〇〇～五〇〇左右） 城邦時代開始（八〇〇前後） 第一屆奧林匹亞運動會（七七六） 雅典廢除王政（六八三） 雅典的多拉康改革（六二一前後） 斯巴達的立柯革斯改革（六二〇前後） 雅典實施梭倫改革（五九四） 雅典皮西斯特拉安的僭主政治（五四六～五二七） 雅典克利斯提尼實施民主政治（五〇八）
東方	亞述統一近東（六七〇） 亞述滅亡（六一二） 新亞述繁榮猶太王國滅亡 巴比倫的捕囚（五八六） 釋迦誕生（五六五前後） 波斯統一近東（五五〇～五二五）
中國	春秋時代（七七一～四〇三）鐵器普及 孔子誕生（五五一前後）

五〇〇
貴族與平民之爭開始設置護民官（四九四） 參加拉丁同盟（四九三） 與鄰近諸部族戰爭（四八〇～三九六）
南義大利的各希臘殖民都市仍舊繁榮
小亞細亞的愛奧尼亞諸城邦反抗波斯帝國（四九九～四九四） 第一次波希戰爭爆發（四九二） 馬拉松之役希臘獲勝（四九〇） 締結反波斯同盟（四八二） 第二次波希戰爭波斯在薩拉米斯海戰中敗退（四八〇） 締結提洛同盟（四七八） 雅典霸權確立 雅典國內分裂、塞密斯托克立茲被流放（四七一） 保守派掌握權力（～四六〇）
大流士一世（五二一～四八五） 波斯王薛西斯進攻希臘、地中海東部重回希臘勢力下（四八〇） 塞密斯托克立茲流亡波斯（四七一） 塞密斯托克立茲自殺（四六〇）
繩文時代

派遣視察團到希臘（四五三前後） 通過羅馬最早的成文法「十二銅表法」（四四九） 貴族與平民之爭仍未平息 繼續與鄰近部族戰爭 雅典向斯巴達降服（四〇四） 斯巴達霸權時代（四〇四～三七一）
伊特魯里亞急速衰退
伯里克里斯登場（四六〇） 伯里克里斯時代（四六〇～四三〇） 希臘文化的黃金期（哲學、詩、劇作、歷史、美術、建築） 伯羅奔尼撒戰爭爆發（雅典對斯巴達，四三一～四〇四） 伯里克里斯去世（四二九） 眾愚政治時代（四二九～）（亞里斯多芬尼斯喜劇）
進入戰國時代（四〇三～二二一）

四〇〇	
羅馬	攻克伊特魯里亞的都市威伊（三九六） 高盧人來襲，占領羅馬（三九〇） 李錫尼法頒訂（三六七） 貴族與平民之爭漸趨平息 「拉丁同盟」更新（三五八）開始進攻義大利中南部 「拉丁同盟」解散 「羅馬聯盟」成立（三三八） 與薩謨奈族之間的戰爭開始（三二六～二八四）
	蘇格拉底被處死（三九九） 柏拉圖創立學苑（三八五） 底比斯霸權時代（三七一～三六二） 馬其頓崛起 馬其頓王腓力普二世遭暗殺（三三六） 亞歷山大即位為馬其頓王（三三六） 亞里斯多德創立書院（三三五）
	繩文時代

三〇〇	
頒訂霍田西法（二八七） 貴族與平民之爭完全平息 塔蘭托戰爭爆發 與伊庇魯斯國王皮拉斯之戰（二八二～二七〇） 稱霸南義大利的各個希臘城市 統一盧比孔河以南的義大利半島（二七〇）	
阿基米得（二八七～二一二）	
亞歷山大大帝東征征服波斯（三三四～三三一） 稱霸印度（三三〇～三二四） 亞歷山大大帝去世（三二三） 亞歷山大大帝死後帝國分裂（馬其頓、敘利亞、埃及等）（三〇一） 亞該亞同盟成立（二八二）內部紛爭不斷 埃及想建立和敘利亞一樣強大的統一政權，結局未果	
毛利亞王朝統一印度（三二二） 科學發展（以埃及的亞歷山大港為中心） 埃及的托勒密王朝 敘利亞的塞流卡斯王朝	
彌生時代	

參考文獻

讀歷史時，首先會接觸到的就是以文字記載的歷史資料，它們通常可分為第一手史料（原始史料）及第二手史料二種。由於第二手史料是後世的研究學者或歷史學家，根據第一手史料書寫而成的史書，所以稱為第二手史料。

而最能直接傳達時代氛圍的則是第一手史料。然而，這些原始資料並非完全出自同時代人的筆下。像撰寫編年體《羅馬史》的李維斯，雖然是帝政初期的人，但他所寫的歷史就是從他出生前的七百年開始寫起。到底如何才能正確地敘述幾百年前發生過的事呢？這已不是歷史學家才會有的疑問了。

西元前五〇九年，古羅馬變成共和政治，由最高神祇官擔任宗教祭事的最高責任者。從本文中可知，這是一個普通的公職，由公民大會選舉產生，這個官職除了是宗教祭事上的最高責任者外，還必須負責記錄日誌，日誌內容包括當年執政官以下的官職人選是誰、在哪裡打仗、在哪裡議和等事件，凡是與羅馬有關的事，每天都必須一一記錄下來。在共和之前的王政時代，最高神祇官的職務是由國王兼任，但當時所記錄下來的史實資料既少又不清楚。到了共和時代，這種日誌式的記述仍然繼續沿用，同樣在官邸做記錄，但並不是記錄完畢就馬上收入公文書庫，而是必須將它擺在官邸前，公諸於世一年，一年的期間到了才可以收進公文書庫存檔。根據史料記載，一直到西元五世紀，羅馬人仍繼續沿襲這種記錄歷史的方法。由此可知，整個古羅馬時期都是用這種方法記錄歷史的。雖然歷史學家李維斯指出，古羅馬史料曾在西元前三九〇年高盧人入侵時被燒毀，但是羅馬人日後的記錄喜好似乎仍舊沒有改變。

由於這種記錄是每天的例行公事，內容自然很詳細，但卻枯燥乏味。西元前二世紀的羅馬政治家大加圖，在寫歷史時就說道：「我不想寫像最高神祇官那樣的記錄。像食物漲了多少錢啦、羅馬哪一天起霧啦、哪一天月圓月缺等瑣事，我都不打算要寫進歷史裡。」

不過，儘管沒人想寫枯燥無味的日誌式歷史，但這樣的史料對想寫出耐人尋味的歷史的人而言，卻仍是不可多得的史料。如果沒有這些史料，相信出生於西元一世紀的歷史學家李維斯大概就無法寫出《羅馬史》，而同時代的戴奧尼索斯特地從小亞細亞的哈里卡那索斯移民羅馬，為的可能也是要查閱公文書庫中所收藏的記錄。

最高神祇官的記錄 (Annales Maximi) 可以說全部都是片斷式的記錄，能流傳至今的史料更是少得可憐。不過，如果閱讀過古羅馬人及希臘人所寫的東西，就不難發現他們對這些記錄的充分利用。總之，多虧有這些記錄，西元三世紀出生的歷史學家，才有辦法寫出一千年前的歷史。

原始史料

日文譯本的參考書目

◎希臘史相關資料

荷馬，《奧德賽》、《伊里亞德》，高津春繁、吳茂一譯，筑摩書房，1964。

希羅多德，《歷史》，青木嚴譯，新潮社，1968。

修西狄底斯，《戰史》，久保正彰譯，岩波書店，1966~1967。

柏拉圖，《全集》，主要著作責任編輯田中美知太郎，中央公論社，《世界名著．第六卷》，1966。

亞里斯多德，《全集》，主要著作責任編輯田中美知太郎，中央公論社，《世界名著．第八卷》，1972。

亞里斯多芬尼斯，《喜劇全集》（希臘喜劇全集），田中美知太郎譯本，人文書院，1961。

贊諾芬，《全集》，僅《蘇格拉底的回憶》一書，佐佐木理譯，岩波書店，1974。

普魯塔克，《列傳》，《普魯塔克英雄傳》，河野與一譯，岩波書店，1952~1956。

◎羅馬史相關資料

王政、共和時代 (753 B.C.~31 B.C.)

波力比維斯 (*Πολύβιος* Polybius, 202 B.C.~120 B.C.)，《歷史》(*Historiae*)〔希臘人，國破後被帶往羅馬，因而了解新興羅馬的實況。回到故國後，開始撰寫以羅馬為主的地中海歷史，特別是與迦太基之役相關史事的敘述，更是同時代的歷史作品所難以望其項背。〕

大加圖 (Marcus Porcius Cato, 234 B.C.~149 B.C.)〔迦太基之役時的羅馬大政治家，西比奧．亞非利加努斯的政敵，羅馬保守派的巨頭，為了與凱撒時代的加圖有所區別，因此稱之為大加圖，著作有關於農業經營及歷史方面的書籍如下：*De agricultura, Origines, Praecepta ad filium*。〕

瓦爾羅 (Marcus Terentius Varro, 117 B.C.~27 B.C.)，《拉丁語》(*De lingua latina*)、《羅馬人錄》(*Antiquitates, De gente populi Romani*)〔凱撒時代的羅馬人，原為龐培隨侍，龐培敗後為凱撒所用，委任創設國立圖書館，圖書館設立期間著作多數。〕

西塞羅 (Marcus Tullius Cicero, 106 B.C.~43 B.C.)，《全集》〔羅馬知識份子代表，因友人阿提克斯從事出版業，所以大部份著作得以流傳至今，因此成為必修拉丁文的歐洲高中生最痛恨的人。特別是他的書簡，生動地記述了當時的羅馬，成為歷史學家的寶庫。然而，在偏重哲學思想的日本，只選譯部份著作，與艾匹克蒂塔及馬庫斯．奧雷留斯的作品一起合輯為《世界名著．十四卷》，中央公論社，1968。〕

朱利斯．凱撒 (Caius Iulius Caesar, 100 B.C.~44 B.C.)，《高盧戰記》(*De Bello Gallico*)、《內戰記》(*De Bello Civili*)〔以獨樹一幟的簡潔、清晰、典雅的文體風格記述自己的行動，為史上難得一見的人才，連文采勝過當今文豪邱吉爾的西塞羅都對他的文章稱讚有加。《凱撒文集》，國原吉之助譯，筑摩書房，1981。〕

凱撒麾下將軍，《亞歷山大戰記》(*Bellum Alexandrinum*)、《西班牙戰記》(*Bellum Hispaniense*)

聶波 (Cornelius Nepos, 100 B.C.~25 B.C.)，《偉人傳》(*De Viris Illustribus*)〔洞察力雖不及普魯塔克，但他從羅馬公民立場出發的觀點卻不容忽視；除此之外尚有其他著作，為當時羅馬的文人之一。〕

塞勒斯特 (Caius Sallustius Crispus, 86 B.C.~35 B.C.)，《加帝藍的陰謀》(*De Coniuratione*

Catilinae)、《對朱古達之戰》(*Bellum Iugurthinum*)、《歷史》(*Historiae*)〔對政治生活絕望之餘，轉而投入文筆生活，與馬基維利齊名的歷史學家，著有論文傳世。他熱情的文采與卓越的描寫能力經常與馬基維利相提並論。〕

西西里的狄奧多魯斯 (Diodōrus Sicŭlus)，《歷史圖書館》(*Biblioteca*)〔生卒年不詳，作品據說完成於西元前三十年左右；希臘人，作品共四十卷，現只存十五卷，在羅馬初期相關史料盡失的現代，實屬珍貴之作。〕

李維斯 (Titus Livius, 59 B.C.~17 A.D.)，《羅馬史》(*Ab urbe condita libri*)〔三十二歲那一年發行十卷，終其一生共出版了一百四十二卷，被羅馬人喻為羅馬歷史的金字塔，內容記述時間從羅馬建國起到西元前九年，現在只留存三分之一多，有許多部份在中世紀時被銷毀，這對羅馬史研究者而言，無異是一大憾事。〕

哈里卡那索斯的戴奧尼索斯 (Dionysius)，《古羅馬史》(*Antichita romane*)〔生卒年不詳，希臘人，出生於奧古斯都時代的哈里卡那索斯，為了寫作羅馬歷史而移居羅馬。本書分二十卷記述羅馬建國到西元前二六四年間的歷史。〕

華雷利烏斯．馬克西姆斯 (Valerius Maximus)，《值得記錄的言行》(*Factorum et Dictorum Memorabilium*)〔生卒年不詳，著作時間為羅馬第二代皇帝臺伯留在位期間，所以有可能是西元一世紀時候的人；此書大概是為學習拉丁與修辭學的小學生而作，為趣味性小故事集。〕

普魯塔克 (Plutarchus, 46 A.D.~120 A.D.)〔Plutarchus 是希臘式念法，英語則為 Plutarch，《列傳》一書的作者。〕

阿庇亞努斯 (Appianus)〔圖拉真帝時代出生於埃及的亞歷山大港，西元一六〇年前後寫作大部頭的羅馬及地中海歷史共二十四卷，內容記述從羅馬建國到共和政治結束，似乎是參考波力比維斯與李維斯的作品而寫成，在補充二大歷史家著作遺失部份功不可沒。〕

加西阿斯．迪奧 (Cassius Dio Cocceianus)〔西元二到三世紀出生，希臘籍羅馬元老院議員，著有八十卷的《羅馬史》，內容記述從建國開始到西元二二九年，現今只留存第三十六卷到第六十五卷的三十卷。因為李維斯也欠缺共和政治末期的史料，所以他的作品與阿庇亞努斯的著作同樣具有史學價值。〕

◎詩文．劇作

普勞塔斯 (Titus Maccius Plautus, 259 B.C.~184 B.C.)〔迦太基戰爭時代為羅馬民眾所喜愛的作家，所以他的作品是理解當時民情的最好素材。一般都認為，想了解雅典必讀亞里斯多芬尼斯的喜劇作品，如果想了解迦太基戰爭時代的羅馬，則不可不讀普勞塔斯的喜劇作品。〕

德倫西 (Publius Terentius Afer, 190 B.C.~159 B.C.)〔繼普勞塔斯之後出現的喜劇作家，非洲奴隸出身，與波力比維斯一樣經常出入西比奧家的沙龍聚會；執筆多部喜劇，他的作品同樣是了解迦太基戰爭時代羅馬的必讀之作。〕

加圖魯斯 (Caius Valerius Catullus, 87 B.C.~54 B.C.)〔凱撒時代的抒情詩人，著有戀愛詩傑作 *Carmi*。〕

◎碑文

沿著羅馬街道每隔一羅馬哩都會設置的「里程碑」，在當時與現在都是情報資訊的來源，無論墓碑或紀念碑都是重要的史料。共和政治時代遺留下來的比帝政時代的少，不會超過一千三百件，目前收集刊行的有以下兩冊。

Corpus Inscriptionum Latinarum, Berlin, 1861.

Inscriptiones Latinae Liberae Rei Publicae, Roma, 1972.

◎紙莎草文獻

發現於埃及的砂堆，就是在紙莎草上用希臘語所記錄的史料。

Introduzione Allo Studio Della Cultura Classica, Roma, 1975.

◎金幣·銀幣·銅幣

這是最有「身價」的史料，有時用來作為戰勝紀念幣，蘇拉以後則被當權者用來作為宣傳手段。它是連看不懂羅馬世界的共通語文拉丁文或希臘文的人，都必須每天經手的貨幣，善於謀略的凱撒就是最會活用貨幣的人。

*除了上述史料外，其他散存舊羅馬世界的建築、古蹟、美術品、藝術品或遺物等，也都是很有幫助的史料。

後世主要的歷史書、研究書・第二手史料

MOMMSEN T., *Römische Geschichte*，全六卷，Berlin, 1854~

作者多人，*The Cambridge Ancient History*，四卷以後，Cambridge University Press, London, 1969~

作者多人，*Storia di Roma*，全二十五卷，Bologna, 1954~

作者多人，*Storia di Roma*，全八卷，發行到第四卷，Torino, 1988~

TOYNBEE A., “Hannibal’s Legacy”, in: *The Hannibalic War’s Effects on Roman Life I:Roma and Her Neighbours Before Hannibal’s Entry*, Oxford University Press, London, 1965，《漢尼拔的遺產》秀村欣二譯本，河出書房新社，1969.

De SANCTIS G., *Storia dei Romani*，全八卷，Roma, 1979.

BAYET J., *Le religione romana*, Torino, 1959.

DUMEZIL G., *La religione romana arcaica*, Milano, 1977.

PARETI L., *Storia di Roma*，全六卷，Torino, 1952.

FRANK T., *Storia di Roma*, Roma, 1970.

VOGT J., *La repubblica romana*, Bari, 1987.

GRANT M., *Storia di Roma antica*, Roma, 1981.

KOVALIOV S. I., *Storia di Roma*, Roma, 1982.

NICOLET C., *Rome et la conquête du monde méditerranéen*, Paris, 1978.

WAGENVOORT H., *Roman dynamism*, Oxford, 1947.

PIGANIOL A., *Le conquiste di Roma*, Milano, 1972.

WIRSZUBSKI Ch., *Il concetto politico di libertà a Roma tra Repubblica e Impero*, Bari, 1957.

孟德斯鳩，《羅馬盛衰原因論》、《法意》，井上幸治責任編輯，中央公論社《世界名著．二十八卷》，1972。

＊以上皆是綜合性談論羅馬的著作，至於個別事件、現象、人物的相關作品，則附載於當冊書末。

日本人的著作

村川堅太郎、弓削達、吉村忠典、鈴木一州、秀村欣二、吉野悟、青柳正規、長谷川博隆、北原理雄、柴田光藏、石本雅男、佐藤篤士、國原吉之助、大場正史、井上智勇、島田誠、松本宣郎、船田享二、阪口明、市川雅俊、本村凌二、毛利晶、島創平、後藤篤子、栗田伸子等學者的全部著作及研究論文。

以上各參考文獻中，有部份文獻所記載的羅馬史事已超越王政．共和時代，橫跨到帝政時期，這類文獻將只在本冊列示，而第II冊以後的參考文獻，則會隨時在各冊書末補充本冊所沒有揭載的資料。

作者按

羅馬人的故事系列 Vol.1

戰火打造的輝煌

羅馬人的故事I——羅馬不是一天造成的
羅馬人的故事II——漢尼拔戰記
羅馬人的故事III——勝者的迷思
羅馬人的故事IV——凱撒時代（盧比孔之前）
羅馬人的故事V——凱撒時代（盧比孔之後）

國家圖書館出版品預行編目資料

羅馬人的故事 I：羅馬不是一天造成的／塩野七生著;徐幸娟譯.－－修訂二版一刷.－－臺北市：三民，2022

面；　公分.－－(羅馬人的故事系列)

參考書目：面

ISBN 978-957-14-7243-0（平裝）

1. 歷史 2.羅馬帝國

740.222　　　　110010956

羅馬人的故事

羅馬人的故事 I ──羅馬不是一天造成的

著作人｜塩野七生
譯者｜徐幸娟

發行人｜劉振強
出版者｜三民書局股份有限公司
地址｜臺北市復興北路 386 號 (復北門市)
臺北市重慶南路一段 61 號 (重南門市)
電話｜(02)25006600
網址｜三民網路書店 https://www.sanmin.com.tw

出版日期｜初版一刷 2001 年 4 月
初版七刷 2017 年 2 月
修訂二版一刷 2022 年 8 月
書籍編號｜S740120
ISBN｜978-957-14-7243-0

Rôma-jin no Monogatari 1. Rôma wa Ichinichi ni shite Narazu

First published in Japan in 1992 by SHINCHOSHA Publishing Co., Ltd., Tokyo
Traditional Chinese translation rights arranged with SHINCHOSHA Publishing Co., Ltd.
through Japan Foreign-Rights Centre

三民書局